노자의 도덕경道德經

노자의 도덕경(道德經)

초판 1쇄 발행 2017년 6월 27일
초판 4쇄 발행 2023년 2월 1일

지은이 노자
편저자 이창성
펴낸이 이환호
펴낸곳 나무의꿈

등록번호 제 10-1812호
주 소 서울시 마포구 잔다리로 77 대창빌딩 402호
전 화 02)332-4037 **팩 스** 02)332-4031

ISBN 978-89-91168-54-1 03150

노자의 도덕경 道德經

노자 지음 | 이창성 편

나무의 꿈

노자도덕경(老子道德經)에 대하여

중국 도가철학의 시조인 노자(老子)가 지었다고 전해지는 책으로, 〈노자(老子)〉, 또는 〈노자도덕경(老子道德經)〉이라고도 한다. 약 5,000자, 81장으로 되어 있으며, 상편 37장의 내용을 〈도경(道經)〉, 하편 44장의 내용을 〈덕경(德經)〉이라고 한다.

노자가 지었다고 하나 한 사람이 쓴 것이라고는 볼 수 없고, 여러 차례에 걸쳐 편집된 흔적이 있는 것으로 보아, 오랜 기간 동안 많은 변형 과정을 거쳐 기원전 4세기경 지금과 같은 형태로 고정되었다고 여겨진다.

여러 가지 판본이 전해 오고 있는데, 가장 대표적인 것으로는 한(漢)나라 문제(文帝) 때 하상공(河上公)이 주석한 것으로 알려진 하상공본과, 위(魏)나라 왕필(王弼)이 주석하였다는 왕필본의 두 가지가 있다.

그리고 전문이 남아 있는 것은 아니지만, 둔황(敦煌)에서 발견된 당사본(唐寫本)과 육조인사본(六朝人寫本)이 있고, 여러 곳에 도덕경비(道德經碑)가 아직도 흩어져 있어 노자의 경문을 살펴보는 데 좋은 자료가 되고 있다.

원래 〈도덕경〉은 상·하로만 나누어졌을 뿐이지만, 장구지학(章句之學)이 성행한 한대(漢代)에 들어와서 장과 절로 나누어

졌다고 보인다.

〈도덕경〉의 구성 체재에 대해서는 오래 전부터 학자들 사이에 의견이 분분하였고, 성립 연대 및 실질 저자에 대해서도 논란이 많았는데, 한 사람이 한꺼번에 저술하였다는 관점과 도가 학파의 손에 의하여 오랜 기간에 걸쳐 당시의 여러 사상을 융합시켜 만들어진 것이라는 관점으로 크게 나누어진다.

한 사람의 전작물임을 주장하는 관점은 노자를 공자(孔子)와 같은 시대의 실존 인물로 보아 〈도덕경〉을 그의 작품으로 인정하는 것이고, 부정하는 관점은 노자가 가공인물이라는 점과, 또한 비록 실존인물이라 하여도 〈도덕경〉과는 상관이 없다는 관점에서, 현존하는 〈도덕경〉은 여러 사람에 의하여 오랜 기간 동안 이루어진 것이라고 보는 것이다.

그러나 〈도덕경〉을 둘러싸고 제기되는 많은 문제점과 상반된 처지에도 불구하고, 〈도덕경〉의 내용을 이루고 있는 기본 사상이 변함없이 계속해서 일관성을 유지해 오고 있다는 점에 대해서는 모두가 동의하고 있다.

〈도덕경〉의 사상은 한마디로 무위자연(無爲自然)의 사상이라고 할 수 있다. 무위는 '도는 언제나 무위이지만 하지 않는 일이 없다(道常無爲而無不爲)'의 무위이고, 자연은 '하늘은 도를 본받고 도는 자연을 본받는다(天法道道法自然)'의 자연을 의미하는 것으로, 결국 〈도덕경〉의 사상은 모든 거짓됨과 인위적인 것에서 벗어나려는 사상이다.

좋거나 나쁘다, 크거나 작다, 높거나 낮다 등의 판단들은 인간들이 인위적으로 비교하여 만들어낸 상대적 개념이며, 이런 개념들로는 도(道)를 밝혀낼 수 없다는 것이다. 언어라는 것은 상대적 개념들의 집합체이므로 〈도덕경〉에서는 언어에 대한 부정이 강하게 나타나고 있으며, 이 점에서 유가사상(儒家思想)과 현격한 차이점을 보이고 있다.

유가사상에서는 인위적 설정이 강조되는 예학(禮學)이 중요한 위치에 놓여 있으며, 언어에 의한 규정이 강력하게 요청되기 때문이다.

반면에 〈도덕경〉에서는 규정성의 파기와 언어에 대한 부정을 강조하는데, 유가사상이 중국 북방의 황하 유역에서 형성된 것인 반면, 이런 무위자연의 사상은 중국 남방의 양자강 유역에서 형성되었다는 기질적인 차이로 설명되기도 한다. 즉 북방은 생존조건이 열악하기 때문에 살아가기 위해서는 현실적이고 투쟁적이어야 하지만, 남방은 날씨가 온화하고 자연 조건이 순조로워 평화적이고 낭만적이라, 이런 분위기의 차이가 사상 형성에도 그대로 반영되었다는 것이다.

유가사상이 인(仁)·의(義)·예(禮)·지(智)의 덕목을 설정하여 예교(禮敎)를 강조하면서 현실적인 상쟁대립이 전제된 반면, 〈도덕경〉의 사상은 상쟁의 대립이 인위적인 것으로 말미암아 생긴다고 보고, 무(無)와 자연의 불상쟁(不相爭) 논리를 펴나간 것이다.

이러한 내용의 〈도덕경〉의 사상은 학문적인 진리 탐구의 대상이 되기도 하였지만, 위·진, 남북조시대처럼 사회가 혼란과 역경에 빠져 있을 때는 사람들에게 새로운 삶의 지혜를 밝혀주는 수양서로서도 받아 들여졌으며, 민간신앙과 융합되면서 피지배계급에게 호소력을 지닌 사상 및 세계관의 기능을 수행하였다.

우리나라 자료에는 〈삼국사기〉 '권24 백제본기 2' 근구수왕 즉위 년조에 근구수왕이 태자로 있을 때 침입해 온 고구려 군을 패퇴시키고 계속 추격하려 하는 순간, 휘하의 장수 막고해(莫古解)가 다음과 같이 간언하였다는 기록이 나타난다.

"들기로는 도가의 말에, 족함을 알면 치욕을 당하지 않고, 멈출 줄 알면 위태해지지 않는다고 합니다. 이제 얻은 것이 많은데 더 욕심을 내어서 무엇 합니까?" 이 말을 듣고 추격이 중지되었다고 하는데, 이 구절은 〈도덕경〉 제44장에 나오는 말이다.

〈도덕경〉의 구절이 장수의 입에까지 오를 정도였다면 당시 사회에서는 상당히 광범위한 영향력을 가졌던 것임에 틀림이 없고, 나중의 일이지만 고구려의 명장 을지문덕(乙支文德)도 비슷한 내용의 시를 수나라 장수에게 보낸 것이 〈삼국사기〉에 나타나 있다.

〈삼국유사〉 보장봉로조(寶藏奉老條)에는 당나라 고조(高祖)가 고구려인의 오두미교 신봉 이야기를 듣고 624년 천존상과 함께 도사를 보내어 〈도덕경〉을 강론하게 하였다는 기록이 있다. 그 이듬해 영류왕은 당나라로 사신을 보내어 불(佛)·노(老)를 배우고자 하였고, 고조는 이를 허락하였다는 것이다.

계속해서 보장왕이 연개소문(淵蓋蘇文)의 건의에 따라 당나라에 사신을 보내어 도교를 배우도록 하였는데, 당나라 태종(太宗)이 도사 8명과 〈도덕경〉을 보내자 왕은 기뻐하며 승사(僧寺)를 지어 도사를 거처하도록 하였다는 내용이 나타난다.

신라에서는 575년에 화랑도를 만들고 그 정신을 현묘지도(玄妙之道)라고 칭하였는데, '현묘'라는 말은 〈도덕경〉 제1장에 나오는 '현지우현 중묘지문(玄之又玄 衆妙之門)'에서 연상되는 용어로, 도가의 영향을 받지 않았는가 생각된다.

통일신라 말기의 혼란한 상황에서 도술연구에 골몰하였던 김가기(金可紀)에 대해서는 홍만종(洪萬宗)의 〈해동이적(海東異蹟)〉에 나타나 있는데, 그는 〈도덕경〉을 비롯하여 여러 선경(仙經)을 계속해서 낭송하고 수련을 계속한 끝에 신선이 되었다고 한다.

고려 때는 왕 중에서도 도교신앙이 제일 돈독하고 재위 당시 도교가 융성하였던 예종이 청연각(清燕閣)에서 한안인(韓安仁)에게 명하여 〈도덕경〉을 강론하게 하였다는 기록이 〈고려사〉에 보인다. 유교경전과 대등하게 다루어서 강론시켰을 정도이므로, 당시 〈도덕경〉을 연구하던 사람의 숫자도 많았고, 수준도 높았으리라 짐작된다.

조선시대에 와서는 엄격한 주자학적 사상(朱子學的思想)과 그 배타적 성격 때문에 〈도덕경〉에 대한 연구가 위축되었지만, 유학자들 가운데서 주석서를 펴내어 끊임없는 관심을 보여 주던 사람들이 있었다.

　　박세당(朴世堂)은 〈신주도덕경(新註道德經)〉을 저술하였고, 이이(李珥)는 〈도덕경〉 81장을 40여 장으로 줄여 〈순언(醇言)〉이라는 주석서를 냈다.

　　그러나 전반적으로 볼 때 〈도덕경〉에 관한 관심은 희박하였는데, 그 이유는 자신 이외는 모든 사상을 이단으로 보는 성리학의 성격 때문이었다. 그러나 〈도덕경〉의 기본 흐름은 일찍부터 도교신앙과 접합되어 오면서 민중의식 속에 깊이 뿌리박혀 기층의 민간에 많은 영향력을 행사하였다.

노자도덕경(老子道德經) |차례|

노자도덕경(老子道德經)에 대하여

상편(上篇)
도경(道經)

제1장
도라고 말할 수 있는 도는

道可道 非常道 名可名 非常名 無名 天地之始 有名
도가도 비상도 명가명 비상명 무명 천지지시유명

萬物之母 故常無欲 以觀其妙 常有欲 以觀其徼 此兩者
만물지모 고상무욕 이관기묘 상유욕 이관기교 차량자

同出而異名 同謂之玄 玄之又玄 衆妙之門
동출이이명 동위지현 현지우현 중묘지문

도라고 말할 수 있는 도는 변하지 않는 도가 아니고, 부를 수 있는 이름은 항상 변하지 않는 이름이 아니다. 이름이 없는 것은 천지의 처음이고, 이름이 있는 것은 만물의 어머니다. 따라서 항상 욕심이 없는 것으로 묘(妙)를 보고, 항상 욕심이 있는 것으로 그 교(徼)를 본다.

이 둘은 같이 나왔으나 이름을 달리하며, 한가지로 일러서 현묘(玄妙)하다고 한다. 현묘하고 또 현묘한 것이 중묘(衆妙)의 문이다.

[語釋]

*도가도(道可道) : 도라고 할 수 있는 도. 여기에서의 도는 사람들이 걸어 다니는 길을 말하는 것이 아니고, 또 유가(儒家)에서 말하는 도하고도 다르다.

*상도(常道) : 영원히 변하지 않는 진실한 도.

*무명(無名) : 천지가 개벽하기 이전의 어지러운 세상.

*유명(有名) : 천지가 창조된 이후의 세상.

*상무욕(常無欲) : 항상 욕심이 없는 상태.

*상유욕(常有欲) : 항상 욕심이 있는 상태.

*관기교(觀其皦) : 물질이 순환하는 세상을 본다는 뜻.

*현(玄) : 현묘(玄妙)하다. 심원(深遠)하여 알 수 없다는 말.

[大意]

도(道)라고 하는 것은 도 그 자체이며 이름이 없다. 그러나 사람들이 항상 도를 논하여도 제대로 된 불변의 도는 없다. 또 도를 말한다고 해도 그것이 진실한 것인지는 단언하기 어렵다. 도 자체는 영원한 불변의 도이지만, 사람들이 어떻게 보느냐에 따라 도가 아닌 관념적인 것으로 생각될 수 있다. 도는 해석하기에 따라서 변하는 것이 아니고 해석의 방향과도 상관없이 도 그 자체이다.

이름 역시 그냥 이름이지만, 항상 변하지 않는 그 이름인 것은 아니다. 이름이라고 하는 것은 사람이 붙인 것으로 사물 그 자체가 아니므로, 그 이름은 사람이 붙이기에 따라서 바뀌는 것이다. 이름은 불변이 아니라 가변적인 것이며, 사람이 부르기 위해서 언제든지 바꿀 수 있다.

천지개벽 이전이나 원시에서의 진정한 도는 원래 무명(無名)이다. 그런 무명의 도가 만물이 생성되면서 그 이름이 붙게 되었다. 이름이 존재하기 이전의 미분화된 상태, 인간의 인식하기 이전의 우주 그 자체에서 시작이 있었다. 만물은 이름을 붙임으로써 비로소 그 사물이 인간의 의식 세계로 들어온다. 이렇게 붙여진 이름이 곧 만물의 모체(母體)이다.

도는 이름이 존재하기 이전의 우주에 포함되는 모든 것을 말한다. 도는 그냥 일반적으로 생각할 수 있는 성질의 것과는 전혀 다르다.

도는 무욕(無慾)의 상태로 바라봄으로써 그 신묘함을 알 수 있다. 따라서 도를 추구할 때는 무욕의 상태에서 만물을 인식하지 않아야 한다. 그러나 도를 터득하려면 얻고자 하는 마음이 있어야 한다. 아무리 무욕의 상태라고 해도 도는 가만히 있으면서 터득할 수는 없다. 터득하고자 하는 마음이 반드시 필요하다.

도는 만물[名]이 모여 이루어진 것이다. 즉 '道 = 名', 그러니 둘은 같다고 할 수 있다. 현실 세계로 나누어지기 이전에는 도이며, 나누어지고 나면 만물이 된다. 둘은 똑 같이 중요하다. 이것은 현실이 없는 도가 있을 수 없고, 도가 없는 현실 역시

무의미하다는 뜻이다.

인간이 현실과 육체를 생각하지 않고 오로지 정신적인 도, 혹은 무욕의 도만 좇는다면 인간사회는 파멸하고 말 것이다. 마찬가지로 도를 모르고 현실 세계만 좇는다면 역시 이 사회는 유지되지 못한다. 현실 세계와 도를 동일하게 중요시하여 인간으로서의 지성을 쌓고, 도를 중요시하여 현실을 도피해서는 안 된다. 그렇게 함으로써 도는 정신적인 도로 승화되고, 현실의 도로 승화된다. 사람이 도를 추구하는 것은 마땅하지만, 현재의 생활과 관련된 지극히 현실적인 경제나 사회 활동을 등한시할 수는 없는 것이다.

노자는 이러한 관점에서 수도하는 것만을 중요시하지는 않았다고 볼 수 있다. 현실을 무시하거나 도피하지 않고 수도를 해야 한다는 것을 저변에 깔고 있다. 도와 명에 같은 비중을 두었다는 점에서 그것을 알 수 있다.

사람들은 모름지기 도에 전념해야 하지만 학업도 게을리 해서는 안 된다. 둘 다 바람직하지 않은 것은, 학업만 성취한 사람은 사회의 해악이 되기 쉽고, 도만 성취한 사람은 사회에 기여하는 바가 없기 때문이다.

제2장
천하가 다 아름다워서 아름다운 줄 알지만

天下皆知美之爲美 斯惡已 皆知善之爲善 斯不善已
천하개지미지위미　사악이　개지선지위선　사불선이

故有無相生 難易相成 長短相較 高下相傾 音聲相和
고유무상생　난이상성　장단상교　고하상경　음성상화

前後相隨 是以聖人 處無爲之事 行不言之敎 萬物作
전후상수　시이성인　처무위지사　행불언지교　만물작

焉而不辭 生而不有 爲而不恃 功成而不居 夫唯不居
언이불사　생이불유　위이부시　공성이불거　부유불거

是以不去
시이불거

　천하가 다 아름다워서 아름다운 줄 알지만, 이것은 추악한 것이 있기 때문이다. 선하다고 해서 선한 줄 알지만 이는 선하지 않은 것이 있기 때문이다. 그러므로 있는 것과 없는 것은 서로 낳고, 어렵고 쉬운 것이 서로 이루며, 길고 짧은 것은 드러나서 서로 비교되고, 높고 낮은 것은 서로 기울어지고, 음과 성은 서로 조화를 이루고, 앞이 있어야 뒤가 따르는 것이다. 그런 까닭으로 성인은 작위가 없이 일을 처리하고, 무언의 가르침을 행한다. 천지자연은 만물을 활동하게 하고도 노고를 사양하지 않고, 만물을 생육하게 하고도 소유하지 않는다. 행하고도 자랑하지 않고, 공을 이루어도 공로를 자처하지 않는다. 그러기에 공은 그에게서 떠나지 않는다.

[語釋]
*천하(天下) : 세상의 사람들과 만물을 이르는 말.
*사악이(斯惡已) : 추악할 뿐이다.
*성인(聖人) : 무위자연의 도를 터득한 사람.
*불시(不恃) : 자기의 능력을 자랑하지 않음..

[大意]
　세상에 존재하는 아름다운 것과 추한 것, 선한 것과 선하지 못한 것, 있는 것과 없는 것, 어려운 것과 쉬운 것, 긴 것과 짧은 것, 높은 것과 낮은 것, 악기에서 나는 음과 사람의 소리, 또 앞과 뒤 이런 모든 것은 상대적으로 존재한다.

　이런 모든 상반되는 개념들이 만물을 생성(生成)하고, 성패(成敗)를 좌우하며, 형태(形態)를 만들고, 서로 채워주며, 조화를 이루고, 서로 따르는 것이다.

　이와 같이 세상의 모든 것은 절대불변으로 존재하지 않는다.

즉 양쪽이 대립되어 있는 것처럼 보이는 것이 서로 모순된 관계가 아니라, 서로 보완적(補完的)인 관계에 있다는 것이다.

여기에서 대립과 통일, 그리고 창조로 이어지는 노자의 변증법적 사상을 생각할 수 있다. 천하 만물과 만사가 이렇게 발생하고 발전한다. 만물은 홀로 독립되어 있는 것이 아닌 것이다. 노자는 이러한 현상에서 우주 순환운동의 법칙을 말했다.

따라서 성인(聖人)은 만물의 진상을 알고 변하지 않는 진리를 좇아, 무리하지 않고 자연스럽게 무위로 일을 처리하여, 말없이 교화를 실행해야 한다.

이러한 성인의 통치 아래에서는 순리를 따라 만물을 그대로 두며, 어떤 일이 일어나더라도 그것에 별다르게 마음을 두지 않는다. 또 성인이 스스로 지배자가 되어 정치를 하더라도 벼슬자리에 얽매이지 말고, 성취해도 짐짓 뽐내지 말 것이며, 몸과 마음을 무위자연의 상태로 안주하게 해야 한다.

이렇게 노자는, 인간이 만들어 놓은 온갖 가치 개념이나 존재의 법칙은 상대적인 것이고 절대적이 아닌 것임에도 불구하고, 절대적인 것으로 잘못 생각하여 함부로 차별하고 질서를 정하여, 자연을 왜곡하고 자승자박하며 남에게 못할 짓을 하는 인간의 우매함과 위태로움을 경고한 것이다.

인간이 할 수 있는 일은 아무 것도 없고, 인간의 힘으로는 도저히 할 수 없는 위대한 일을 해 치우는 것이 천지자연의 세계다. 노자는 이런 천지자연의 세계를 '무위'로 파악했고, 이 무위 위에서 인간의 본래 모습인 참된 유위(有爲)를 생각했으며, 인간 본래의 것이 아닌 거짓, 즉 인위(人爲)의 위(爲)를 부정했다.

모름지기 인간이 만든 가치 개념은 모두 상대적인 것이다. 이 상대성은 사물 일반의 존재 방식이고, 사물이 있다고 말하면 그 있다는 것은 없다는 것을 전제로 예상한다. 없다는 것을 예상하지 않으면 있다는 것은 도저히 성립할 수 없는 것이다.

결국 있다는 것과 없다는 것은 상호 의존하고 상호 기대하는 상대적인 개념인 것이다. 동시에 어렵다는 것과 쉽다는 것도 상대적으로 성립하는 개념이며, 길다는 것과 짧다는 것도 상대적으로 성립되는 불가분의 개념이다. 또한 높다는 것과 낮다는 것, 악기의 음과 사람의 육성, 앞과 뒤 역시 모두 다 상대적인 개념이다.

2장에서 노자는, 이와 같이 인간이 정립한 온갖 가치 개념이나 존재 규정은 상대적인 것이고 절대적인 것이 아님에도 불구하고, 그것을 절대적인 것으로 착각하여 있는 그대로의 자연계를 왜곡하며, 만물을 함부로 차별하고 질서를 정하여 자승자박하는 인간의 우매함과 위태함에 대하여 경고했다.

노자가 말하는 있는 그대로의 자연이란 일체의 인위적인 것은 모두 없애고, 인간이 버릴 수 있는 찌꺼기는 다 버린 후에 최후로 버릴 수 있는 것으로서 남는 궁극적인 그 무엇이 자연이라고 했다.

제3장
현명함을 받들지 않으면 백성들이

不尙賢 使民不爭 不貴難得之貨 使民不爲盜 不見可欲

불상현 사민부쟁 불귀난득지화 사민불위도 불견가욕

使民心不亂 是以 聖人之治 虛其心 實其腹 弱其志

사민심불란 시이 성인지치 허기심 실기복 약기지

强其骨 常使民無知無欲 使夫智者不敢爲也 爲無爲

강기골 상사민무지무욕 사부지자불감위야 위무위

則無不治

즉무불치

현명함을 받들지 않으면 백성들이 다투는 일이 없게 되고, 얻기 어려운 재물을 귀하게 여기지 않으면 백성들이 도둑질하는 일이 없게 되며, 하고자 하는 욕심을 보여 주지 않으면 백성들의 마음은 어지럽지 않다. 따라서 성인의 다스림은 그 마음에 욕심이 없게 하고, 그 배를 든든하게 해주며, 그 뜻을 약하게 하고, 그 뼈를 튼튼하게 하며, 항상 백성으로 하여금 아는 것도 없고 욕심도 없게 하여, 아는 자로 하여금 감히 하지 못하게 한다. 무위의 다스림으로 다스려지지 않는 일은 없다.

[語釋]
*허기심(虛其心) : 백성들의 마음을 텅 비게 한다는 뜻.
*실기복(實其腹) : 백성들을 배부르게 한다는 뜻.
*약기지(弱其志) : 백성들의 뜻을 약하게 하여 윗사람을 따르게 한다는 뜻.
*강기골(强其骨) : 백성들을 건강하게 하여 일을 잘 하게 한다는 뜻.

[大意]
　나라를 다스리는 사람들이 현명한 것을 받들지 않으면 백성들이 다투지 않게 할 수 있고, 얻기 어려운 재물을 귀하게 여기지 않으면 백성들이 도둑질을 하지 않게 할 수 있다. 또 욕심낼만 한 것들을 보이지 않으면 백성들의 마음을 어지럽게 하지 않을 수 있다.
　따라서 지배자로서의 성인의 다스림은 백성들의 마음을 비워서 불만을 없애고, 백성들의 배를 부르게 하며, 의지를 약하게 해서 윗사람을 따르게 하며, 백성들을 건강하게 해서 일을 잘 할 수 있도록 하며, 백성들을 순박하게 하여 뽐내지 않고 욕심이 없게 하여, 아는 자들로 하여금 감히 일을 벌이지 않게 한다. 이와 같이 무위자연으로 세상을 다스리게 되면 무엇 하나 다스려지지 않는 것은 없다.

똑똑한 사람들을 특별히 대접하고 존경하지 않으면 사람들이 남보다 앞서려고 다투지 않을 것은 정한 이치이다. 재물이나 명예나 권력 따위를 귀하게 여기지 않으면, 사람들이 그런 것들을 도둑질을 하거나 얻으려고 사기나 공갈 등 못된 짓을 하지 않을 것이고, 욕심 낼만한 것들을 내보이지 않는다면, 그것들을 얻으려고 엉뚱한 마음을 품을 리가 없는 것 또한 정한 이치이다.

3장은 인간에게 진정한 행복은 무엇이고, 인간 본래의 모습과 문명과 문화와의 관계는 어떤 것인가에 대한 생각을 예리하게 파헤쳐서 나타냈다.

성인은 백성으로 하여금 항상 알지 못하고 욕심이 없게 한다는데(常使民無知無欲), 이것은 백성을 무지한 상태로 두는 것이 아니라, 근본에서 벗어나서 허황된 욕심을 내지 않게 한다는 뜻이고, 아는 자들로 하여금 감히 억지로 일을 벌이지 않게 한다는 것은, 인위적인 정책이나 개혁 등을 추구하지 않는다(使夫知者不敢爲也)는 뜻이며, 무위로 하면 다스려지지 않는 게 없다(爲無爲即無不治)는 말은, 뜻을 관철한다고 무엇인가를 억지로 무리하게 벌이지 않으면 저절로 잘 다스려 진다는 뜻이다.

인간은 이 세상에서 태어난 이상 살아갈 수밖에 없다. 자연스럽게 태어났다면 죽는 것 또한 자연스러워야 한다. 따라서 살아 있는 상태로 죽은 사람이 될 수는 없다. 즉 완전한 무욕의 상태가 될 수는 없다.

욕망을 무제한의 상태로 방치하는 것도 위험하지만, 또 그것을 완전히 없앨 수도 없다. 노자는 이상(理想)으로서의 무욕을 말하지만, 그것은 이상일 뿐 현실에 있어서는 무욕에 가까운 욕심을 말한 것으로 보인다.

노자의 무욕은 단순한 무욕이 아니라, 무위자연의 도에 근거한 자신의 삶을 온전하게 하기 위한 무욕이라고 할 수 있다.

제4장
도는 비어 있어서 사용해도 늘 차지 않고

道沖而用之 或不盈 淵兮 似萬物之宗 挫其銳 解其紛

도충이용지 혹불영 연혜 사만물지종 좌기예 해기분

和其光 同其塵 湛兮 似或存 吾不知誰之子 象帝之先

화기광 동기진 담혜 사혹존 오불지수지자 상제지선

도는 비어 있어서 사용해도 늘 차지 않고, 깊어서 만물의 근본이다. 그 날카로운 것을 무디게 하고, 어지러운 것을 풀며, 그 빛을 부드럽게 하여 티끌에도 섞이지만 맑고 고요함이 그대로이다. 나는 그 도가 누구의 자식인지 알 수 없지만, 상제보다 먼저였던 것 같다.

[語釋]

*충(沖) : 충(盅)과 같으며, 그릇이 비어 있는 것을 뜻함.

*혹(或) : 항상, 늘, 언제나. 혹, 혹은.

*영(盈) : 충만하다. 가득 차다.

*좌기예(挫其銳) : 그 날카로운 기운을 꺾다.

*해기분(解其紛) : 그 분쟁을 해결하다.

*상(象) : 노자가 처음 말한 술어(術語)로, 물상(物象)의 뜻과 같음.

*제(帝) : 하느님, 곧 만물의 창조주를 뜻하는 말..

[大意]

도는 텅 비어 있는 그릇과 같은 것으로, 아무리 써도 가득 차는 일이 없어서 무한한 작용을 한다. 이것은 전체로 보면 물이 가득 찬 연못과 같아서, 깊고 깊은 현상이 만물의 근원이라고 할 수 있다.

도는 이 우주에 미만해 있어서, 어디에나 존재하여 비어 있는 것 같고, 아무리 작용하여도 그 다함이 없다. 이 천지 간에 일어나는 모든 것, 심지어 작은 티끌 하나의 움직임도 도에 의하지 않은 것이 없고, 그 어떤 것도 도를 피할 수 없다.

누가 도를 만들었는지, 무엇에서 발생하여 무엇으로 되는지는 모르지만, 이 우주가 생겨나기 전 만물의 창조주보다 먼저 존재하였던 것 같다.

도는 텅 빈 그릇과 같아 보이지만, 결국은 인간의 인식 능력으로는 가늠하기 어려운 극히 충허(充虛)한 존재라고 할 수 있다. 따라서 그 그릇에 무엇을 아무리 채우려고 해도 가득 차게 할 수는 없다. 다시 말하면 무한의 효용성과 무진장의 능력을 가진 형이상적인 실재라고 할 수 있다.

4장에서는 어디에도 존재하지 않는 것 같으면서 세상의 만

물을 만드는 도의 무한한 효용성과 무진장한 작용, 또 영구불
멸의 모습에 대해서 설명했다.

제5장
천지는 어질지 않으니 만물로 추구를 삼고

天地不仁 以萬物爲芻狗 聖人不仁 以百姓爲芻狗

천지불인 이만물위추구 성인불인 이백성위추구

天地之間 其猶橐籥乎 虛而不屈 動而愈出 多言數窮

천지지간 기유탁약호 허이불굴 동이유출 다언수궁

不如守中

불여수중

　천지는 어질지 않으니 만물로 추구를 삼고, 성인도 어질지 않으니 백성들을 추구로 삼는다. 하늘과 땅 사이는 풀무와 같아서 비어 있으나 다함이 없고, 움직일수록 힘이 더 난다. 말이 많으면 자주 막히게 되니, 가만히 있는 것만 못하다.

[語釋]

*추구(芻狗) : 제사 때 쓰이는 지푸라기로 만든 개의 형상.

*탁약(橐籥) : 대장간에서 사용하는 풀무. 풀무와 피리로 해석하기도 함.

*유출(愈出) : 점점 더 나오다.

*다언(多言) : 말이 많음.

*삭궁(數窮) : 자주 막히다.

*수중(守中) : 중은 중용과 같은 뜻, 충(忠)과도 뜻이 통하며, 허(虛)와 같은 상반된 뜻도 된다. 수중은 허심(虛心)한 태도를 늘 지켜 가진다는 뜻으로 풀이된다.

[大意]

하늘과 땅은 의식적인 사랑을 하지 않는다. 그래서 하늘과 땅은 만물을 추구로 여긴다. 마치 제사 때 사용하고 쓸모가 없어진 추구처럼 아무 데나 던져 버려진다. 이렇게 하늘은 모든 것을 자연에 맡긴 채 침묵한다.

최선의 사랑은 가만히 놓아두는 것이다. 그래서 마치 사랑하지 않는 것처럼 보인다. 따라서 의식적인 사랑을 하게 되면, 그것을 받는 사람은 그 사랑을 의식하게 된다. 의식하게 되면, 그것에 보답해야 하는 부담이 생긴다. 부담이 생기면, 자유롭지 못하다. 삶을 자유롭게 하는 것이 진리이므로, 최선의 사랑은 부담을 주지 않는 사랑이어야 한다. 그것은 사랑하지 않는 것 같은 사랑을 할 때 가능하다. 성인(聖人)은 의식적으로 사랑하지 않는다. 그래서 상대방의 입장을 생각하여 가만히 놓아두는 것이다.

하늘과 땅은 풀무처럼 보이지 않는 무한한 사랑을 베풀고 있다. 풀무 속에는 아무 것도 없다. 그러나 그 속에서 바람이 나오고 불을 이르듯이, 하늘과 땅은 만물을 살게 한다. 다만 나타내지 않기 때문에, 만물은 그 은혜를 알지 못한다. 그래서 만물은 하늘에 대해서 부담이 없는 것이다.

'천지불인(天地不仁)'에서 이르는 '인'은 유가(儒家)에서 말하는 '인(仁)'을 의식하는 말이며, '불인'이란 유가에서 말하는 '인의(仁義)'의 반대어로 도덕에 대한 비판과 부정을 나타낸 것이다.

따라서 5장에서는, 대자연이 다스리는 법칙의 냉정성과 비정함을 말한 것으로, 유가에 대한 비판일 뿐만 아니라 노자의 철학 자체가 가지고 있는 근본적인 단면을 지적한 것이라고 할 수 있다.

천지자연의 이법(理法), 곧 도(道)는 인간과 같은 의지와 감정, 하고자 하는 의도나 가치 의식을 가지지 않는 냉혹하고 비정한 존재이다. 천지자연의 이법은 인간에게만 특별한 애정과 자비심을 쏟는 것이 아니라, 모든 만물에 대하여 똑같이 냉정하고 집착하지 않는 것이다.

사회생활을 하는 인간은 무위와 허심을 잊고 감정이나 욕망에 사로잡혀, 자신의 지식과 행동에 자만심을 가지고 행동하면 자주 곤란하고 난처한 일에 부딪친다. 그러므로 인간은 누구나 허심한 냉정성을 잃지 말고 치우침 없이 적당한 처신을 하여 중용을 지켜야 하는 것이다.

제6장
골짜기의 신은 죽지 않으니

谷神不死 是謂玄牝 玄牝之門 是謂天地根 綿綿若存
곡 신 불 사　시 위 현 빈　　현 빈 지 문　시 위 천 지 근　면 면 약 존

用之不勤
용 지 불 근

　골짜기의 신은 죽지 않으니, 이를 일컬어 현빈이라 한다. 현빈의 문은 천지의 뿌리라고 이르며, 끊임없이 존재하는 것 같아서 아무리 써도 지치지 않는다.

[語釋]

*곡신(谷神) : 골짜기의 신. 여성의 성기에 비유하여 오묘하고 불가사의한 그 작용을 해의한 것으로 풀이했다.

*현빈(玄牝) : 현묘한 암컷.

*현빈지문(玄牝之門) : 현묘한 암컷의 음부. 여기에서는 현묘하게 태어난 것을 비유한 것임.

*면면(綿綿) : 솜에서 실이 풀려 나오듯이 끊어지지 않고 이어 나오는

모양.

*불근(不勤) : 지치지 않음. 피로하지 않음.

[大意]

골짜기의 신은 불사신으로 현빈이라고 부른다. 골짜기는 모든 물이 흘러 내려 모이는 곳이어서, 높고 낮음과 귀하고 천함을 가리지 않고 모든 것을 받아들인다. 골짜기[谷]는 기른다는 뜻의 곡(穀), 또는 욕(浴)으로도 쓰며 만물을 낳게 하는 도의 뜻과 잘 맞는다. 또 골짜기는 그 출생과 번식의 작용이 언제까지나 끊임없이 이어져 항상 존재하는 것 같아서 아무리 사용해도 지칠 줄을 모른다.

노자는 이 골짜기를 '검은 암컷', 또는 '현묘한 암컷'이라 이르고, 다시 그 '현묘한 암컷의 문'을 '천지의 문'이라고 하는데, 이는 여성과 여근을 뜻하는 것이다. 다시 말해서 남성을 받아들여 생명을 탄생시키는 그 문을 '천지의 뿌리'라고 하여, 1장의 "현묘하고 또 현묘하여, 모든 것이 통하는 문(玄玄又玄 衆妙之門)", 즉 도라고 했다.

이것은 주어지는 것을 받아들여 새로운 것을 창조하는 존재인 골짜기와 여성에 대한 경탄과 찬탄의 표현이며, "끊임없이 존재하는 것 같아서 아무리 써도 지치지 않는다(綿綿若存 用之不勤)"는 구절이 의미하는, 이 우주 또는 생명의 영원한 존속에 대한 표현이라고 할 수 있다.

6장에서는 도를 골짜기의 신(谷神)에 비유했다. 도는 끊임없이 만물을 낳고 기르는 불사신의 작업이다. 노자는 만물을 생성시키는 조화의 역할을 여성의 생식 작용으로 비유해서, 도의 무위자연의 모습을 설명한 것이다.

제7장
하늘은 영원하고 땅은 오래다

天長地久 天地所以能長且久者 以其不自生 故能長生
천장지구 천지소이능장차구자 이기불자생 고능장생

是以聖人 後其身而身先 外其身而身存 非以其無私邪
시이성인 후기신이신선 외기신이신존 비이기무사사

故能成其私
고능성기사

하늘은 영원하고 땅은 오래다. 천지가 영원하고 오랜 것은 스스로 자신이 살려고 애쓰지 않기 때문이다. 그러므로 영원할 수 있는 것이다. 성인은 자신을 뒤에 있게 함으로 앞서고, 자신이 떠나 있으므로 실로 자신이 거기에 존재하게 되는 것이다. 그것은 사심이 없기 때문이다. 그래서 자신을 성취할 수 있는 것이다.

[語釋]
*소이(所以) : 까닭. 일이 생기게 된 원인이나 조건(條件).

*불자생(不自生) : 스스로의 뜻으로 살지 않는다는 뜻.

*후기신(後其身) : 자신을 뒤로한다는 뜻으로, 곧 자신을 앞에 내세우지 않는다는 의미.

*외기신(外其身) : 자신을 밖으로 한다는 뜻으로, 곧 자신의 사사로움을 버린다는 의미.

*무사(無私) : 사사로운 욕심이 없음.

[大意]

인간의 수명은 짧고, 하늘은 끝이 없이 크고 길며, 땅은 영원함이 가없다.

하늘과 땅이 영원한 까닭은 무위무심(無爲無心), 즉 스스로의 뜻대로 살지 않기 때문이다.

따라서 이 도리를 터득한 성인이 자신의 것을 뒤로 물리면 오히려 사람들의 앞자리에 자연스럽게 서게 되는 것이고, 자신의 일을 무시하여 버리게 되면 그것으로 인하여 오히려 자신이 살아남게 되는 것이다. 그것은 자신에게 사사로운 욕심이 없기 때문에 오히려 자신의 욕망을 성취할 수 있는 것이다.

천지자연이 영원불멸의 존재인 것은 창조자로서의 자신을 의식하지 않기 때문이다. 그러므로 정말로 위대한 지도자는 자신이 지도자임을 의식하지 않고, 위대한 자아(自我)는 자신을 의식하지 않음을 아는 것은, 아주 큰 긍정이 아주 큰 부정을 매개(媒介)로 한다는 노자 철학의 근본이라고 할 수 있다.

이렇게 성인 또는 위인은 자신을 버림으로써 자기를 실현할 수 있다는 것인데, 문제는 그것을 실천하는 것이 말처럼 그렇게 쉽지 않다는 것이다.

이성적인 세계를 지상(至上)의 목표로 하는 인간과 그렇지 않은 혼돈의 세계를 응시하는 인간이 살아가는 모습은 다르다. 이성의 세계를 지상의 목표로 하는 인간이 그렇지 않은 혼돈의 세계를 응시하는 인간을 바라보면 난해하고 무미하고 우유부단할 수 있다.

노자 철학의 심오한 매력은 이러한 것에 있으며, 중국인의 행동과 사고가 서구 유럽인에 비하여 불가해한 이유의 하나가 또한 여기에 있다고 할 수 있다.

7장에서는 도의 영원함을 설명했다. 도는 천지가 열리기 전에는 고요하기만 한 하나의 알 수 없는 것이었다. 이 혼돈이 지난 뒤에 비로소 하늘과 땅이 열렸고, 이곳에서 만물이 생겨남에 그 하늘과 땅은 영원불멸의 존재가 된 것이다.

여기에서 우리는 유위(有爲)의 무불위(無不爲)를 목표로 하는 인간과 무위(無爲)의 무불위를 지향하는 인간, 이성(理性)의 세계를 궁극적으로 하는 인간과 감성(感性)의 세계의 근저에서 혼돈의 세계를 바라보는 인간의 모습이 서로 다르다는 것을 볼 수 있게 된다.

제8장
최상의 선은 물과 같다

上善若水 水善 利萬物而不爭 處衆人之所惡 故幾於道
상선약수　수선　이만물이부쟁　처중인지소오　고기어도

居善地 心善淵 與善仁 言善信 正善治 事善能 動
거선지　심선연　여선인　언선신　정선치　사선능　동

善時 夫唯不爭 故無尤
선시　부유부쟁　고무우

　　최상의 선(善)은 물과 같다. 물은 만물에게 이로움을 주지만, 다투지 않고 사람들이 싫어하는 낮은 곳에 자리한다. 그러므로 물은 도에 거의 가깝다고 할 수 있다. 사람이 사는 곳으로는 땅이 좋고, 마음은 연못처럼 깊어야 좋고, 더불어 함께하는 것에는 어짊이 좋고, 말은 믿음이 있어야 좋고, 다스림은 바른 것이 좋고, 일에는 능숙한 것이 좋고, 움직임은 적당한 때를 맞추는 것이 좋다. 그렇게 하는 것이 다투지 않는 것이다. 그러므로 잘못됨이 없는 것이다.

*상선(上善) : 가장 뛰어난 선.

*중인지소오(衆人之所惡) : 모든 사람이 싫어하는 곳.

*기어도(幾於道) : 거의 도에 가깝다.

*무우(無尤) : 허물이 없음. 탈이 없음.

[大意]

　인간의 선(善)함을 물에 비유할 수 있다. 선은 인간이 추구해야 하는 덕목 중에 가장 우선적인 것이다. 따라서 상선(上善)은 인간이 갈망하는 중요한 가치이다. 노자는 최상의 선을 물과 같다고 하였다.

　물이란 생물을 살게 하는 원소다. 따라서 물은 생명과 떼어 놓을 수 없는 존재다. 그래서 상선은 생명을 지키는 것과 같은 것이다. 물은 만물에 이로움을 주지만, 그 무엇과도 지위의 상하를 두고 싸우지 않는다. 물이 만물에게 생명을 주고 그것을 유지하게 하지만, 그 방법은 조화이지 투쟁은 아니다. 그저 선하게 만물에 이로움을 주면서 조용히 자신의 일만 할 뿐 자신의 위치를 낮게 하고 시끄럽게 다투지 않는다.

　물은 사람이 싫어하는 곳에 처한다. 선한 일을 행하려는 대부분의 사람들은 세상에 드러나기를 바란다. 자신이 베푼 일로써 많은 사람들로부터 좋은 평가와 인정을 받기를 바라는 것이다. 인간은 본래 남보다 뛰어나거나 특별한 대접을 받고 싶어하기에 드러나지 않는 것을 바라지 않는다. 그러나 물은 드러나지 않는 곳에 있다. 많은 사람들이 있기 싫어하는 곳은 드러나지 않는 곳 외에도 낮은 곳이나 더러운 곳이다. 물은 존재하는데 높고 낮음을 따지지 않는다. 가야할 곳에 가고, 있어야 할 곳에 있을 뿐이다. 그러므로 물은 도에 가깝다는 것이다.

도는 모든 것과 함께 하기에 드러나지 않는다. 그래서 물도 드러나지 않는 것이 도와 비슷하다. 그러니 물질 중에서 도와 가까운 것은 물이다. 너무 흔하기에 나타나지 않고, 너무 같이 하기에 별다른 대접을 받지 못한다.

8장에서 노자는, 남을 위하여 큰 기여를 했음에도 남의 질시와 모욕을 감수하고, 결코 자신을 변명하지 않으며 내세우지 않는 성인의 처세를 강조하고 있다.

노자가 말하는 부쟁(不爭)이 무위자연의 철학을 근거로 하였다는 사실은, 이 장에서 물을 상선(上善)으로 비유한 것으로도 알 수 있다. 물은 인간처럼 전혀 억지를 부리지 않고, 사사로운 감정이나 지혜의 작용도 가지지 않는다. 물은 그저 무심이고 자연일 뿐이다. 그래서 '도에 가장 가깝다(幾於道)'고 한 것이다. 단지 가깝다고 할 뿐 같다고 하지 않는 것은 양자가 유형과 무형이란 상위점이 있기 때문이다.

따라서 다툼을 좋아하는 인간사회와는 다르게, 물은 낮은 자리에 스스로 기꺼이 자리하므로, 도에 가장 가까운 것이다.

제9장
가득 찬 것을 무리해서 계속 유지함은

持而盈之 不如其已 揣而銳之 不可長保 金玉萬堂
지이영지　불여기이　추이예지　불가장보　금옥만당

莫之能守 富貴而驕 自遺其咎 功遂身退 天之道
막지능수　부귀이교　자유기구　공수신퇴　천지도

　가득 찬 것을 무리해서 계속 유지함은 그것을 그만 두는 것보다 못하다. 두들겨 날카롭게 하면 오래가지 못하고, 금과 옥이 집안에 가득하다고 그것을 계속 지킬 수는 없다. 부귀하여 교만하게 되면 스스로 재앙을 남긴다. 일을 이루면 몸이 물러나는 것이 하늘의 이치다.

[語釋]
*지이영지(持而盈之) : 가득 차 있음.
*불여기이(不如其已) : 그만 둠만 못함.
*추이(揣而) : 쇠를 달구어 강하게 함.

*자유기구(自遺其咎) : 스스로 그런 재앙을 남긴다는 말.

[大意]

　물이 가득찬 물동이를 두 손으로 받들고 있으면서 견디지 못하는 것은, 도중에 그만두고 내려놓는 것만 못하다. 적을 치려고 칼날을 날카롭게 해도 녹이 슬어 오랫동안 보존할 수는 없다. 금은보화가 집안에 가득해도 언제까지나 그것을 오래 지킬수는 없고, 부귀하여 교만해지면 스스로 허물을 남기게 되며, 하고자 했던 것을 이루었으면 기회를 봐서 뒤로 물러나는 것이 하늘의 도이다.

　가득 차면 넘치게 되고, 넘치게 되면 자랑하게 되며, 자랑하게 되면 교만해지게 된다.

　출세나 권력을 위해 버둥대다가 추락하는 사람은 자신의 불행으로 끝나지 않고, 아무 상관없는 사람들 까지 많은 피해를 입혀 훗날까지 그 오점을 남긴다. 그러므로 혹시 이루고 싶었던 것을 모두 다 이루었더라도 몸은 그것에 머물지 말고, 뒤로 물러나서 사물에 집착하지 말며, 욕심 없이 마음 편안하게 살라는 것이 하늘의 도리라는 노자의 말이다.

　이것은 천지자연의 도나 이치를 말하는 것이지만, 인간이 살아가는 세상과 자연을 일관하는 불멸의 진리나 법칙을 뜻하는 말이다.

　넓게 생각하면, 예부터 인간을 부정적인 존재로 생각하고,

그것을 구원하는 하느님을 가지지 못한 중국에서 그 하느님 대신에 '하늘의 도'를 가지고 있었다고 할 수 있으며, 인간이 부딪치는 처참한 현실과 싸우면서 하늘을 우러르고, 하늘에 외치며, 하늘에 물어보며 살아 왔다고 할 수 있다.

9장에서는, 무리하지 않고 자연의 순리에 따라 처세하는 것이 하늘의 도리라는 것을 말했다.

제10장
혼백을 하나로 안아 떨어져 나감이 없고

載營魄抱一 能無離乎 專氣致柔 能孏兒乎 滌除玄覽
재 영 백 포 일　능 무 리 호　전 기 치 유　능 영 아 호　척 제 현 람

能無疵乎 愛民治國 能無知乎 天門開闔 能無雌乎
능 무 자 호　애 민 치 국　능 무 지 호　천 문 개 합　능 무 자 호

明白四達 能無爲乎 生之畜之 生而不有 爲而不恃
명 백 사 달　능 무 위 호　생 지 축 지　생 이 불 유　위 이 불 시

長而不宰 是謂玄德
장 이 부 재　시 위 현 덕

　혼백을 하나로 안아 떨어져 나감이 없고, 기운을 다하여 더없이 부드럽기가 한이 없다. 욕망의 때가 낀 마음을 씻어내니 아무런 잘못이 없고, 백성을 사랑하고 나라 살림살이를 무위의 마음으로 한다. 하늘의 문이 열리고 닫힘에 여자와 같이 되고, 명백하여 막힘이 없으니 사방으로 통하여 아는 것이 없다고 할 수 있다. 낳고 기르는 데에 있어서 낳아도 소유하지 않고, 해 놓고도 자랑하지 않고, 자라도 거느리지 않으니 이것을 현덕이

라고 한다.

[語釋]

*재영백(載營魄) : 활발한 생존 활동을 하는 육체에 순순히 따름.

*포일(抱一) : 순일(純一)한 마음가짐을 갖는다는 뜻.

*치유(致柔) : 유연함에 이르다는 뜻으로, 부드러움을 다한다는 말.

*척제현람(滌除玄覽) : 현묘함으로 살펴서 깨끗이 씻어냄.

*천문개합(天門開闔) : 천문, 즉 만물이 드나드는 생과 사의 문이 열리고 닫힘.

*생이불유(生而不有) : 생겨나도 갖지 않는다는 뜻이니, 만들어내고 소유하지 않는다는 말.

*재(宰) : 다스리다. 거느리다.

*현덕(玄德) : 그윽한 덕이니, 한없는 하늘의 덕이라는 뜻.

[大意]

인간이 육신으로 살면서 형체나 움직임이 없는 순수한 마음만으로 육신과 도를 합일하여 분리시키지 않을 수 있겠는가. 또 모든 기를 모아 몸과 마음을 부드럽게 하여 어린아이와 같은 순수함만 가득한 상태를 유지할 수 있겠는가.

마음에 묵은 때를 씻고 욕심이 없이 본연의 밝고 맑은 마음으로 사물의 불가해한 현상을 인식할 수 있는가.

정치가로서 백성을 사랑하고 나라를 다스림에 무위자연의

마음으로 행할 수 있는가.

하늘의 문이 열리고 닫힘에 따라 변하는데, 대자연의 세계가 살고 죽는 이치처럼 항상 적절하게 암컷의 역할을 해낼 수 있는가. 또한 만물의 모든 면을 확실하게 알아서 막힘이 없이 자연스럽고 순박하게 될 수 있는가.

자신이 무엇을 했는지 생각하지 않고, 만물을 만들고, 또 기르면서도 내 것이라 하지 않고, 공을 세우고도 자랑하지 않고, 기르면서도 이를 다스리지 않으니, 이것이 바로 현묘한 성인의 덕이다.

무위자연의 도를 터득한 성인은 어린아이와 같이 부드럽고, 여성처럼 불사신(不死身)이다.

10장에서는, 무위무지(無爲無知)의 위와 지로써 위대한 교화를 성취시키는 불가사의한 인격, 즉 현덕을 말했다.

수양과 인식과 행동을 통해서 진정한 지식을 이룰 수 있고, 수양의 시작은 무위자연으로 시작해서 몸과 마음이 하나로 되고, 거기에서 점차적으로 밝음의 경지인 정지(正知), 정견(正見), 정행(正行), 정득(正得)으로 이어진다.

10장에서 던지는 화두는 고요하면 밝게 되고, 밝으면 바르게 행동하게 되고, 그 바르게 행동하는 것이 도의 가르침이라고 할 수 있다는 것이다.

도는 문이 없을 뿐만 아니라 방도 없으며 사방이 황황(皇皇)한 것이고, 이것을 따르는 사람은 사지가 건강하고, 생각은 순달(恂達)하며, 눈과 귀는 총명하고, 그 마음은 피곤하지 않으며, 만물과 스스럼없이 대응한다고 노자는 말했다.

제11장
서른 개의 바큇살이 바퀴통에 함께 있지만

三十輻共一轂 當其無 有車之用 埏埴以爲器 當其無

삼십폭공일곡　당기무　유차지용　연식이위기　당기무

有器之用 鑿戶牖以爲室 當其無 有室之用 故有之以

유기지용　착호상이위실　당기무　유실지용　고유지이

爲利 無之以爲用

위이　무지이위용

　서른 개의 바큇살이 바퀴통에 함께 있지만, 비어 있어서 바퀴통 복판은 쓸모가 있고, 찰흙을 이겨 그릇을 만드니, 비어 있어서 그 가운데가 쓸모가 있다. 문과 창을 만들어 방을 만드니, 비어 있기 때문에 그 안이 방으로 쓸모가 있다. 그러므로 모양이 있는 것이 쓸모가 있음은 없는 것이 쓸모가 있기 때문이다.

[語釋]
*폭공일곡(輻共一轂) : 한 수레바퀴 통에 여러 개의 살이 함께 있음.
*당기무(當其無) : 그 가운데가 비어 있음.

*연식(埏埴) : 진흙을 물로 반죽하여 이기다.

*착호유(鑿戶牖) : 출입문과 창문을 뚫다.

*위용(爲用) : 쓰이게 하다.

[大意]

　수레바퀴는 서른 개의 바퀴살이 하나의 바퀴통에 모여 있고, 그 바퀴통 가운데 비어 있는 구멍으로 인하여 바퀴가 돌아간다. 찰흙을 이겨 그릇을 만들면 그 그릇의 빈 곳이 그릇으로서 쓰이게 된다. 문과 창을 뚫어 방을 만들면 그 방의 가운데가 비어서 방으로서의 쓸모가 있다.

　비어 있는 것의 쓰임새, 쓸모가 없는 것의 쓰임, 무용의 쓰임새는 시간과 연결하여 더욱 뚜렷해진다. 예전에는 쓸모 있던 것이 지금은 쓸모가 없고, 지금은 쓸모가 있지만 시간이 흐르면 쓸모가 없게 된다.

　도에서 보면 모든 것은 상대적인 존재이다. 다만 이런 것들을 볼 수 있는 능력이 중요하다. 이 세상의 모든 것들은 존재하는 그 자체로 존재의 의미가 있는 것이다. 다만 인간의 단순하고 잘못된 가치관이 쓸모가 있고 없음을 판단하는 것이다.

　'유(有)와 무(無)'를 판단함에 있어서, 단순히 '유'만이 가치가 있는 것으로 생각하기 쉽지만, '무'는 무로서의 가치가 있는 것이며, '유'의 입장에서 생각하는 없어서는 안 되는 '무'가 있는 것이다.

따라서 '유'가 '유'로서 존재하려면 '유'만으로는 충분하지 않고, '무'를 부정적으로 개입시켜야만 비로소 '유'라는 철학적 개념이 성립된다는 것을 분명히 하는 것이 11장의 취지라고 할 수 있다.

제12장
오색의 찬란함은 사람의 눈을 멀게 하고

五色令人目盲 五音令人耳聾 五味令人口爽 馳騁田獵

오색령인목맹 오음령인이롱 오미령인구상 치빙전엽

令人心發狂 難得之貨 令人行妨 是以聖人 爲腹不爲目

영인심발광 난득지화 영인행방 시이성인 위복불위목

故去彼取此

고 거 피 취 차

오색의 찬란함은 사람의 눈을 멀게 하고, 오음의 아름다운 소리는 사람의 귀를 멀게 하고, 오미의 좋은 맛은 사람의 입을 상하게 한다. 말을 타고 사냥하게 되면 사람의 마음을 발광하게 하고, 얻기 어려운 재물은 사람의 행실을 나쁘게 한다. 이로써 성인은 배를 채울 뿐 겉치레를 하지 않는다. 그러므로 저것을 버리고 이것을 취한다.

[語釋]

*오색(五色) : 다섯 가지 색깔. 여기에서는 아름다운 옷이나 장식물을

가리킴.

*오음(五音) : 궁상각치우의 다섯 음, 즉 음악의 소리를 말함.

*오미(五色) : 다섯 가지 맛. 좋은 음식을 뜻함.

*구상(口爽) : 입맛이 상함.

*치빙전렵(馳騁畋獵) : 말을 타고 달리며 짐승을 사냥함.

*위복(爲腹) : 안으로 도를 충실하게 함.

*위목(爲目) : 눈에 보이는 욕망을 좇음.

*거피취자(去彼取此) : 저것을 버리고 이것을 취함.

[大意]

　관능적인 다섯 색깔의 자극은 사람의 눈을 현혹하여 시각을 흐리게 하고, 관능적인 다섯 음률은 사람의 귀를 자극하여 청각을 어지럽게 하며, 식욕을 돋우는 다섯 가지의 좋은 맛은 사람의 입을 자극하여 입맛을 어긋나게 한다.

　말을 타고 사냥을 하게 되면 그것에 몰두하여 사람의 착한 마음을 잃어버리게 하고, 얻기 어려운 재물은 사람의 욕심을 불러서 건실한 행동을 나쁘게 한다.

　성인은 이것을 알고 있어서 백성들의 굶주림을 해결해주며 감각적인 겉치레는 하지 않는다. 그래서 성인은 저것을 버리고 이것을 취하는 것이다.

　12장에서는, 당시의 귀족들이 백성들의 굶고 헐벗은 생활에 아랑곳 하지 않고 사치스러운 생활을 하는 것에 대하여 소박한 생활을 하라고 강조하고 있다.

노자는 모든 지배 계층의 사치와 향락의 생활에 대하여 비판하였고, 자연 그대로의 안정된 생활로 돌아갈 것을 역설했다.

제13장
은총도 굴욕도 놀라운 일과 같이 하고

寵辱若驚 貴大患若身 何謂寵辱若驚 寵爲下 得之若驚
총 욕 약 경　귀 대 환 약 신　하 위 총 욕 약 경　총 위 하　득 지 약 경

失之若驚 是謂寵辱若驚 何謂貴大患若身 吾所以
실 지 약 경　시 위 총 욕 약 경　하 위 귀 대 환 약 신　오 소 이

有大患者 爲吾有身 及吾無身 吾有何患 故貴以身
유 대 환 자　위 오 유 신　급 오 무 신　오 유 하 환　고 귀 이 신

爲天下 若可寄天下 愛以身爲天下 若可託天下
위 천 하　약 가 기 천 하　애 이 신 위 천 하　약 가 탁 천 하

　　은총도 굴욕도 놀라운 일과 같이 하고, 재앙을 귀하게 여기는 것을 제 몸과 같이 한다. 무엇을 일러서 은총과 굴욕을 놀라운 것처럼 한다고 하는가. 사랑은 위에서 아래로 행하여지므로 얻어도 잃어도 조심하며 놀랍게 여기라는 것이니, 이래서 은총과 굴욕은 놀라운 일을 당하는 것과 같다는 것이다. 무엇을 일러서 재앙을 귀하게 여기는 것을 제 몸과 같이 한다고 하는가. 자신에게 재앙이 있는 것은 자신의 몸이 있어서이니 몸이 없으

면 자신에게 재앙이 있을 수 없다. 자신의 몸을 소중히 하듯이 천하를 소중하게 여기면 천하를 맡길 수 있고, 몸을 사랑하듯 이 천하를 사랑하면 천하를 부탁할 수 있다.

[語釋]
*약경(若驚) : 놀라는 것처럼 하다.
*대환(大患) : 재앙. 여기에서는 부귀영화를 말함.
*총위상(寵爲上) : 부귀영화를 최상으로 여김.
*욕위하(辱爲下) : 빈천하고 굴욕적인 것을 최하로 여김.
*탁천하(託天下) : 천하를 맡김.

[大意]
　세상 사람들은 명예와 칭찬을 좋아하고, 비난과 치욕은 싫어 한다. 이처럼 은총과 굴욕에 지나치게 마음이 흔들리며 동요하 는 것은 몸이 있기 때문이다. 몸에 집착하면 지나치게 삶에 집 착하게 된다. 자신의 몸을 없다고 생각하면 은총이나 굴욕 같 은 것에 지나치게 집착하지는 않을 것이다.
　도를 터득한 사람은 자신의 명예를 위해서 자신의 몸을 귀하 게 여기는 것이 아니라, 세상과 다른 사람을 위해서 자신의 몸 을 귀하게 여긴다. 따라서 이런 사람에겐 기꺼이 천하를 맡길 수가 있는 것이다.
　13장에서는, 진실한 의미로서의 자신의 신명을 소중히 여기

고, 몸을 귀하게 생각하는 사람만이 다른 사람의 몸도 귀하게
여겨서 그 삶에 애착을 가진다고 강조했다. 따라서 그러한 사
람에게 천하를 다스리게 할 수 있다고 밝혔다.

제14장
보이지 않는 것을 일컬어 이라하고

視之不見 名曰夷 聽之不聞 名曰希 搏之不得 名曰微

시 지 불 견 명 왈 이 청 지 불 문 명 왈 희 박 지 불 득 명 왈 미

此三者 不可致詰 故混而爲一 其上不皦 其下不昧

차 삼 자 불 가 치 힐 고 혼 이 위 일 기 상 불 교 기 하 불 매

繩繩不可名 復歸於無物 是謂無狀之狀 無物之象

승 승 불 가 명 복 귀 어 무 물 시 위 무 상 지 상 무 물 지 상

是謂惚恍 迎之不見其首 隨之不見其後 執古之道

시 위 홀 황 영 지 불 견 기 수 수 지 불 견 기 후 집 고 지 도

以御今之有 能知古始 是謂道紀

이 어 금 지 유 능 지 고 시 시 위 도 기

보이지 않는 것을 일컬어 이(夷)라 하고, 들리지 않는 것을 일컬어 희(希)라 하며, 잡아지지 않는 것을 일컬어 미(微)라 하는데, 이 셋은 밝혀지지 않는 것이다. 따라서 합하면 하나가 된다. 그 위가 밝지 못하고, 그 아래는 어둡지 않고 무한하여 무물로 복귀한다. 이것을 일컬어 무상지상이나 무물지상이라 하

고, 이를 일컬어 황홀이라 한다. 맞이해도 그 머리를 보지 못하고, 따라가도 그 뒤를 보지 못하니, 옛날의 도를 지켜 지금의 것을 다스린다. 옛날과 시작의 근본을 아는 것, 이것이 도의 본질이다.

[語釋]
*이(夷) : 형체와 색채가 없다는 뜻.
*희(希) : 들릴 듯 말 듯 하여 잘 들리지 않는 소리.
*미(微) : 너무 작아 잡을 수 없는 형체.
*불가치힐(不可致詰) : 궁구하여 밝힐 수 없음.
*교(皎) : 희다. 밝다.
*불매(不昧) : 어둡지 않음. 애매하지 않음.
*승승(繩繩) : 끊임없이 이어짐. 무한함.
*무상지상(無狀之狀) : 형상이 없는 물체.
*홀황(惚恍) : 황홀함. 희미하여 알 수가 없음.
*어(御) : 길들이다. 다스리다.
*도기(道紀) : 도의 본질.

[大意]
　눈으로 아무리 살펴보아도 보이지 않기 때문에 빛이 없다고 하고, 귀를 기울이고 들으려 해도 아무 것도 들리지 않으니 소리가 없다고 하며, 손을 대고 만져보아도 아무 것도 잡히지 않

기 때문에 형체가 없다고 한다. 그러나 이 세 가지로는 도의 정체를 제대로 알 수가 없다. 도는 이 세 가지가 뒤섞여서 하나의 초월한 상태로 존재하는 것이다.

도는 위가 밝게 나타나지 않고, 아래도 어둡지가 않으며, 끊임없이 이어져 내려온 것이라서 무엇이라고 이름 붙일 수가 없고, 어렴풋해서 뭐라고 말할 수 없이 물질의 세계를 초월한 본래의 상태로 돌아가 있다. 이것을 형체가 없는 형체, 형상이 없는 형상이라고 하여 '황홀'이라고 이른다. 그래서 도는 앞에서 본다고 그 머리가 보이지 않고, 뒤에서 따라가도 그 끝이 보이지 않는 것이다.

따라서 도는 태고 때부터 진리를 파악하여 그것으로 인하여 현존하는 세상을 이끌어가고 있다. 이런 것으로 우주만물의 시작이 도라는 것을 알 수 있고, 역사와 시작의 근본이 도라는 것을 알 수 있으니, 그 것이 곧 도의 본질이다.

14장은 노자가 말하는 도(道)를 철학적으로 설명하는 문장으로, 도를 무색(無色)과 무성(無聲)과 무형(無形), 즉 인간의 감각적이고 지각적인 모든 것을 초월하여, 더 황홀한 무엇으로 하여금 만물의 근원에 실재하는 불가사의하고 형이상적인 것임을 설명했다.

글 중에 이(夷)나 희(希)나 미(微), 무상지상이나 무물지상 등은 도를 불가사의하게 설명하는 노자 특유의 용어이고, 이 같은 용어들은 후세에 까지 그대로 쓰이고 있다.

산다는 것은 무엇인가의 형체를 가지는 것, 곧 어떠한 형체를 가진 것으로서 이 세상에 오는 것이다. 죽는다는 것은 그 형체를 잃는 것이다.

노자의 철학은 지금 있던 것이 갑자기 없어지고, 지금 살아 있던 것이 갑자기 죽어 없어지는, 형체가 있는 모든 것이 형체가 없는 것으로 돌아간다는, 무상성(無常性)의 근거에서 유상성(有常性)을 들여다보는 것에서 성립된다고 볼 수 있다.

그 까닭은 인간은 언젠가는 죽는다는 전제가 없이는 산다는 것을 생각할 수 없다는 것과, 없다는 것을 생각하지 않고는 있다는 사실을 생각할 수 없다는 것이다.

인간을 포함한 물체로서의 존재는 멸망과 상실을 필연으로 규정하는 냉엄한 진리에의 깨달음이다. 따라서 노자는 그 멸망과 상실의 근원에서 그것을 초월하는 유상(有常)을 들여다본 것이다.

그러므로 유상으로서의 도는 물체로서의 존재를 초월하는 곳으로, 모든 형체가 있는 물질이 그 형체를 잃고 귀일하는 곳이기 때문에 무물(無物)이라 하고, 색이 없고, 소리가 없으며, 형체가 없는 것, 즉 이(夷)나 희(希)나 미(微), 무상지상(無狀之狀)이나 무물지상(無物之狀) 등으로 설명하고 있다.

제15장
예로부터 바르게 선비가 된 사람은

古之善爲士者 微妙玄通 深不可識 夫唯不可識 故强

고 지 선 위 사 자   미 묘 현 통   심 불 가 식   부 유 불 가 식   고 강

爲之容 豫兮若冬涉川 猶兮若畏四隣 儼兮其若客 渙

위 지 용   예 혜 약 동 섭 천   유 혜 약 외 사 린   엄 혜 기 약 객   환

兮若冰之將釋 敦兮其若樸 曠兮其若谷 混兮其若濁

혜 약 빙 지 장 석   돈 혜 기 약 박   광 혜 기 약 곡   혼 혜 기 약 탁

孰能濁以靜之徐淸 孰能安以動之徐生 保此道者 不欲盈

숙 능 탁 이 정 지 서 청   숙 능 안 이 동 지 서 생   보 차 도 자   불 욕 영

夫唯不盈 故能蔽而新成

부 유 불 영   고 능 폐 이 신 성

예로부터 바르게 선비가 된 사람은 미묘하고 현통하여 그 깊이를 알 수가 없다. 깊이를 알 수 없기에 그 모습을 억지로 그려보면, 겨울에 냇물을 건너가는 것과 같이 조심스럽고, 더하여 주위를 두려워하는 것과 같다. 위엄이 있어서 감히 함부로할 수 없는 손님과 같고, 어질어서 장차 풀리려는 얼음과 같다.

도탑기는 통나무와 같고, 공허하여 텅 비어 있는 골짜기와 같으며, 한데 섞이는 것은 마치 흐린 물과 같다. 흐린 물을 서서히 맑아지게 하는 그런 무위의 일을 그 누가 하겠는가. 조용한 가운데 움직임이 있어 서서히 자라듯이 그런 무위의 일을 누가 하겠는가? 도를 품고 있는 사람은 가득 채우는 것을 바라지 않는다. 그렇게 채우기를 바라지 않기에 낡아도 새롭게 이루어지는 것이다.

[語釋]

*선위사자(善爲士者) : 도를 터득한 선비.

*현통(玄通) : 만사에 통달함.

*강위지용(强爲之容) : 억지로 그 모양을 그리다.

*예혜약(豫兮若) : 머뭇거리며 망설임.

*외사린(畏四隣) : 사방의 이웃을 두려워함.

*엄혜약(儼兮若) : 위엄이 있게 행동함.

*박(樸) : 나무 등걸. 통나무. 나무 밑동이 본뜻이나 나중에 소박, 질박의 뜻으로 쓰이게 되었음.

*서청(徐淸) : 천천히 맑아지다.

*서생(徐生) : 천천히 살아나다.

*유불영(唯不盈) : 비록 채우지 않아도.

*능폐복성(能蔽復成) : 낡았으나 새롭게 이루어지다.

[大意]

옛날에 도를 잘 터득하여 배운 사람은 미묘한 이치에도 현통하여 그 사람됨의 깊이를 알 수 없었다.

잘 알 수가 없기에 억지로 그 모양을 그린다면, 신중하기가 마치 살얼음이 언 강을 건너가는 것과 같이 조심스럽고, 순박하기가 이웃이 너무 조심스러워서 어려워하는 것과 같으며, 돈후하기는 다듬지 않은 나무 같고, 넓은 품은 공허하여 텅 비어 있는 골짜기와 같으며, 하나같이 혼연한 품은 흐린 물과 같다.

성인이 아니면 누가 혼탁한 물을 서서히 맑게 할 수 있으며, 누가 안정되어 변하지 않는 땅을 생동시켜서 만물을 점차적으로 살아나게 할 수 있겠는가?

도는 혼탁함을 버리고 깨끗한 것만 취하는 것이 아니다. 탁하면서도 그것에 얽매이지 않고 물들지 않는 것이 도인 것이다. 진정으로 도를 잘 닦은 사람은 현통하고 심오한 모습을 하고 있지 않다. 오히려 너무나 평범한 모습을 하고 있다. 너무나 평범하여 차라리 아무 것도 아닌 것 같으므로 오히려 더욱 현통하고 심오하여 그 깊이를 알 수 없는 것이다. 무위자연의 도를 터득한 사람은 무리하게 자신의 욕망을 가득 채우려 하지 않는다. 무리하게 채우려 하지 않으므로 항상 의욕이 넘쳐서 낡은 것을 버리고 새로운 것을 이룰 수 있는 것이다.

15장에서는 도를 터득하여 얻은 사람, 즉 노자를 닮은 성인의 풍모와 생활 태도를 구체적으로 설명했다.

제16장

비우기를 지극히 하고, 고요함만을 돈독하게 해서

致虛極 守靜篤 萬物竝作 吾以觀復 夫物芸芸 各復

치 허 극　수 정 독　만 물 병 작　오 이 관 복　부 물 운 운　각 복

歸其根 歸根曰靜 是謂復命 復命曰常 知常曰明 不知常

귀 기 근　귀 근 왈 정　시 위 복 명　복 명 왈 상　지 상 왈 명　불 지 상

妄作凶 知常容 容乃公 公乃王 王乃天 天乃道 道乃久

망 작 흉　지 상 용　용 내 공　공 내 왕　왕 내 천　천 내 도　도 내 구

沒身不殆

몰 신 불 태

　　비우기를 지극히 하고, 고요함만을 돈독하게 해서, 온갖 만물이 함께 일어나면, 나는 되풀이 되는 것을 바라볼 뿐이다. 만물은 번성해서 자라도 각기 그 근원으로 되돌아가는 것이니, 근원으로 되돌아 온 것을 고요함이라 하고, 이를 일컬어 본성을 회복한 것이라고 말한다. 본성이 회복된 것을 일컬어 평상심이라 하고, 평상심을 아는 것을 깨달음이라고 한다. 평상심을 모르면 망령되어 흉하게 되고, 평상심을 알면 모든 것을 받

아들여 너그럽게 되니, 너그러운 것은 곧 공평한 것이다. 공평한 존재는 곧 천하의 왕이오, 천하의 왕은 곧 하늘이다. 하늘은 바로 도이며, 도는 영구한 것이다. 몸은 다해도 아무런 위태로움이 없다.

[語釋]

*병작(竝作) : 함께 일어나다. 여기에서 작(作)은 일어난다는 것으로 풀이함.

*운운(芸芸) : 번성하여 자라는 모양.

*복명(復命) : 본성으로 돌아감.

*명(明) : 참다운 지혜. 슬기. 깨달음. 밝음.

*망작흉(妄作凶) : 망령되어 흉함. 자연의 도에 따르지 않고 함부로 행동하여 재앙을 가져옴.

*용(容) : 포용하다. 너그럽게 되다.

*몰신(沒身) : 몸이 다하다.

[大意]

마음을 비워 지극의 경지에 이르고, 무위의 입장으로 허정한 태도를 지니면, 만물의 온갖 움직임이 다시 되돌아가는 것을 볼 수 있다.

만물은 제각기의 모습으로 번성하고 있지만, 각각 자신의 본래 모습으로 돌아가고 있는 것이다. 본래 모습으로 돌아가 있는 것을 무위의 고요함이라 말하고, 그 고요함은 본래의 참 모습으로 돌아가는 것이다. 본래의 참 모습으로 돌아가는 것을 영구불변의 상도(常道)라 이르고, 본래의 모습에 눈뜨는 것을 지혜가 밝아진 것이라고 한다. 그러나 이 참 모습을 깨닫지 못하면 허튼 짓을 하게 되어서 화를 입게 된다.

본래의 참 모습을 깨달으면 누구에게나 너그럽게 되고, 너그럽게 되면 공평무사하여 임금의 덕을 갖추게 되고, 임금의 덕을 갖추면 하늘의 도에 이르게 된다. 하늘처럼 넓고 커지면 무위의 도와 하나가 되어 영구불멸하게 되는 것이니, 영구불멸하여 몸이 다할 때까지 편안하게 되는 것이다.

16장의 요지는, 만물의 근원인 무위자연의 도는 허(虛)이고 정(靜)이므로, 도의 근본인 허정(虛靜)으로 돌아가서 그 극치에 이르게 되는 것이 자신의 본래 모습으로 돌아가는 것이니, 본래의 모습으로 돌아가는 것이 영구불멸의 도를 자신의 것으로 만들어 편안하게 이 세상을 마칠 수 있다는 것이다.

이러한 노자의 복귀사상(復歸思想)은 후일의 복성설(復性說)과 밀접한 관련을 가졌다. 이 사상은 모든 개체는 그 자체는 유한이고 불완전한 것이지만, 그 존재의 근원에 있는 무한하고 완전한 도를 밑바탕으로 해서, 도와 관련적인 본말(本末)의 관계에 있다. 그 본말에서 근본으로 복귀하는 데는 스스로의 유한성과 불완전성에서 탈피하는 것이 복귀사상의 본질이다.

복귀사상은 복귀를 인간의 내면성, 즉 주체적이고 실천적으로 생각하는 것으로서, 인간의 본성은 본래 청정하고 원만하였으나 후천적으로 온갖 욕망과 지식에 의하여 혼란하여졌기 때문에, 그 욕심을 버리고 본래의 청정한 마음으로 돌아가지 않으면 안 된다는 생각이다.

또 다른 것은 복귀를 시간의 흐름 속에서 역사적으로 생각하고자 하는 것으로, 과거의 시대를 도가 완전 실현된 세계로 보고, 현재를 타락 또는 퇴보된 불완전한 시대로 보아 불완전한 시대로부터 완전한 옛날로 복귀한다는 생각이다.

제17장
가장 좋은 것은 위가 있음을 아래에서 알고

太上下知有之 其次親而譽之 其次畏之 其次侮之

태상하지유지　기차친이예지　　기차외지　기차모지

信不足焉 有不信焉 悠兮其貴言 功成事遂 百姓皆謂我自然

신부족언　유불신언　유혜기귀언　공성사수　백성개위아자연

　가장 좋은 것은 위가 있음을 아래에서 알고, 그 다음에는 가까이 해서 칭송해 주는 것이며, 그 다음에는 두려워하는 것이고, 그 다음에는 업신여기는 것이다. 믿음이 부족하면 불신하게 되고, 머뭇거리며 말을 못한다. 공을 이루고 일을 마쳐도, 백성들은 모두 스스로 그러하다고 말한다.

[語釋]
*태상(太上) : 최고, 최선. 임금. 하늘.
*친이예지(親而譽之) : 이를 가까이 따르고 칭송하다.
*유혜(悠兮) : 멀다. 신중하다.
*공성사수(功成事遂) : 공을 이루고 일을 마치다.

가장 훌륭한 군주는 백성들이 다만 그가 있다는 것을 알 뿐이고, 그 다음 군주는 백성들이 가까이 하며 칭송하는 군주이다. 그 다음 군주는 백성들이 두려워하는 군주이고, 그 다음은 백성들이 업신여기는 군주이다.

군주의 말과 행동에 진실함이 부족하면 백성들이 불신하게 된다. 최선의 군주는 무위의 정치를 하여, 공을 이루어도 백성들에게 자랑하지 아니하고 저절로 그렇게 되었다고 말하는 군주이다.

17장에서는, 지배자로서 민중에게 임하는 태도, 다시 말해서 무언(無言)의 가르침을 행하여 백성들을 다스리는 것에 대하여 말했다.

전 장에서는 성인의 처세에 대하여 설명하였고, 이 장에서는 지배자로서 민중에게 임하는 성인의 태도, 즉 무언의 가르침을 행하여 교화의 공을 이루고 나서도 백성들에게 시치미를 떼는 무위자연의 정치를 유가의 덕치주의(德治主義), 법가(法家)의 법치주의(法治主義)와 비교하면서 설명하였다.

노자의 말 중에서 우리는 처음으로 자연이라는 말을 이장에서 접하고 있다. 자연이란 '있는 그대로'라는 뜻이겠지만, 노자는 그것을 천지조화의 구체적인 영위(營爲)로 보았다. 천지조화의 영위는 인간과 같이 작위적인 기교를 부린다거나, 자신을 의식하여 부당한 노력을 하지 않는 것을 말한다.

천지자연은 있는 그대로 존재하면서 아무 말도 하지 않지만, 봄이면 초목의 새싹을 틔우고, 여름이면 가지와 잎을 무성하게 하며, 가을에는 오곡백과를 맺게 하고, 겨울이 되면 다시 제 모습으로 돌아가게 한다.

노자는 만물의 이와 같은 생성화육(生成化育)을 천지조화의 작용으로 파악하고, 그 작용을 자연으로 이해한 것이다.

제18장
대도가 없어지면 인의가 있고

大道廢 有仁義 智慧出 有大僞 六親不和 有孝慈 國家
대도폐 유인의 지혜출 유대위 육친불화 유효자 국가

昏亂 有忠臣
혼란 유충신

대도가 없어지면 인의가 있고, 지혜가 나오면 큰 거짓이 있다. 육친이 화목하지 못하면 효도와 사랑이 있고, 나라가 어지러우면 충신이 있다.

[語釋]

*대도(大道) : 큰 도를 이르는 말이니, 무위자연의 도를 일컫는 말.

*대위(大僞) : 커다란 거짓. 큰 위계(僞計).

*혼란(昏亂) : 어둡고 어지러워짐.

[大意]

무위자연의 큰 도가 행해지지 않게 되자, 인(仁)이나 의(義)

가 덕으로 강조되었고, 지혜가 발달하게 되니 꾸며낸 거짓이 있게 되었다. 집안에 불화가 생기게 되면 효행과 자애의 논란이 생겨나고, 나라의 질서가 어지러워지면 충성과 의리 있는 신하가 나오게 된다.

18장에서는, 노자가 문명을 비판하는 입장에서 풍자와 역설의 이론을 적절하고 명쾌하게 설파했다.

옛날 중국의 예의(禮義)에 있는 '예기내칙편'의 남녀부동석(男女不同席)이나, 또 '예경(禮經)'의 부창부수(夫唱婦隨) 등의 예절은 우리나라에도 지금까지 전해져서 내려온다. 그렇다고 옛날 중국에 있어서의 남녀 구별과 가정에서의 남성의 절대 권위를 역사적인 사실로 예찬할 수는 없는 것이다.

좌전(佐傳)이나 사기(史記) 등 역사 서적을 읽어 보면 쉽게 밝혀지겠지만, 노자의 말에 따르자면, 집안에서까지 남녀를 유년기부터 억지로 떼어 놓지 않으면 안 될 만큼 성(性) 질서가 문란했다는 사실을 알 수 있고, 일부러 부창부수를 강조하지 않으면 안 될 만큼 아내가 남편을 따르지 않았던 그 당시의 현실을 상상할 수 있다.

또 젊은이들이 얼마나 늙은이를 업신여겼으면 경노사상을 강조했겠는가. 그러나 모든 말이 현실과는 커다란 격차가 있을 뿐만 아니라, 결국 현실에 결여된 것만큼 말에 의한 강조가 심해지는 것이며, 도덕적 타락이 심하면 심할수록 그것에 대한 강조가 요구되는 것이다.

중국 사람들은 대체적으로 규범을 좋아하는 민족이지만, 또 그 규범의 허구성을 간파하는 일에도 예민하다. 그러나 이런 논리는 어디까지나 유가의 도덕적 규범의 무리한 노력에 대해 부당함을 비판하는 것이고, 대도(大道)에 입각한 무위자연의 사회를 이상화하려는 노자의 사상을 나타내는 것이라고 볼 수 있다.

제19장
재주를 끊고 지혜를 버리면 백성의 이익이

絶聖棄智 民利百倍 絶仁棄義 民復孝慈 絶巧棄利

절성기지　민리백배　절인기의　민복효자　절교기리

盜賊無有 此三者 以爲文不足 故令有所屬 見素抱樸

도적무유　차삼자　이위문불족　고령유소속　견소포박

少私寡欲

소사과욕

　재주를 끊고 지혜를 버리면 백성의 이익이 백배가 되고, 인을 끊고 의를 버리면 백성이 효도와 사랑으로 돌아가고, 교를 끊고 이를 버리면 도적이 있을 수 없다. 이 세 가지는 글로 부족하다 생각되므로 속하는 것이 있어야 한다. 소를 나타내고 박을 품어 사사로움을 적게 하고 욕심을 적게 한다.

[語釋]

*절성기지(絶聖棄智) : 재주와 지혜를 끊는다는 말.

*이위문부족(以爲文不足) : 글로 표현하기에 부족하다.

*견소포박(見素抱樸) : 순진하고 소박하게 보인다는 뜻으로, 그러한 마음을 품는다는 말.

*소사과욕(少私寡欲) : 사사로운 감정을 억제하여 자신의 욕심을 적게 하다.

[大意]

다스리는 사람이 재주와 지혜를 버리게 되면 백성의 행복과 이익은 백 배로 늘어나고, 인애를 끊고 정의를 버리면, 백성은 잃었던 본래의 자애와 효행으로 돌아가게 된다. 다스리는 사람이 얄팍한 기교를 부리지 않고 욕심을 버리면, 이 세상에 도둑질 같은 범죄는 결코 일어나지 않게 된다.

이 세 가지 얘기로는 생각하는 것을 다 설명할 수 없다. 그러므로 말을 덧붙인다면, 본바탕 그대로의 나를 지켜서 사사로운 감정을 억제하고, 자신을 위한 욕심을 적게 해야 한다는 것이다.

19장에서는 사람의 재주와 욕심을 완전히 비워버리는 상태, 즉 무지무욕(無智無慾)의 상태에서 소사과욕(少私寡欲)할 것을 역설했다.

노자는 인간의 소박을 무엇보다도 존중하였다. 노자에 있어 소박이란 물질문명의 허례와 허식을 버리는 것을 의미하고, 인간의 근본적인 자연을 인위적으로 속박하여 후천적으로 왜곡하는 모든 미혹되고 망령된 허구로부터 벗어난 인간의 바람직한 자세를 말한다.

노자가 말하는 소박한 삶에서의 인간의 바람직한 모습은, 문명이나 문화의 혜택을 받지 않고 관념이나 사상 등의 번거로움에서도 벗어난 천진난만한 어린아이와 같은 것이다.

제20장
배움을 끊으면 근심이 없어지니

絶學無憂 唯之與阿 相去幾何 善之與惡 相去何若

절학무우 유지여아 상거기하 선지여악 상거하약

人之所畏 不可不畏 荒兮其未央哉 衆人熙熙 如亨太牢

인지소외 불가불외 황혜기미앙재 중인희희 여형태뢰

如春登臺 我獨泊兮 其未兆 如嬰兒之未孩 儽儽兮

여춘등대 아독박혜 기미조 여상아지미해 내래혜

若無所歸 衆人皆有餘 而我獨若遺 我愚人之心也哉

약무소귀 중인개유여 이아독약유 아우인지심야재

沌沌兮 俗人昭昭 我獨昏昏 俗人察察 我獨悶悶 澹

돈돈혜 속인소소 아독혼혼 속인찰찰 아독민민 담

兮其若海 飂兮 若無所止 衆人皆有以 而我獨頑似鄙

혜기약해 요혜 약무소지 중인개유이 이아독완사비

我獨異於人 而貴食母

아독이어인 이귀식모

배움을 끊으면 근심이 없어지니, '유'와 '아'의 차이가 어떠하고, 선과 악의 차이가 어떠한가. 사람이 두려워하는 것은 두렵지 않을 수 없고, 막막하여 그것을 다하지 못하니, 사람들은 희희하여 태뢰를 받는 것 같고, 봄에 대에 오른 것 같다. 나 홀로 멈추어 그것이 나타나지 않고, 갓난아이가 웃지 않는 것 같다. 류류하여 돌아갈 곳이 없는 것 같고, 사람들은 다 넘치는데 나 홀로 모자라는 것 같다. 나는 어리석은 사람의 마음인지 돈돈하다. 속인은 소소해도 나는 홀로 혼혼하며, 속인은 찰찰해도 나는 홀로 민민하다. 담박하여 그 바다와 같고, 공허하여 그침이 없는 것 같다. 사람들은 다 쓰임이 있는데, 나 홀로 둔하여 천박한 것 같다. 나는 홀로 사람들과 다르게 식모를 귀하게 여긴다.

[語釋]
*유지여아(唯之與阿) : 유는 예, 아는 응으로 대답하는 것. 유지여아는 공손한 대답과 그렇지 못한 대답.

*황혜(荒兮) : 거칠게 우거지듯 복잡한 모양.

*미앙(未央) : 다하지 못함. 여기에서 앙은 진(盡)과 같은 뜻임.

*희희(熙熙) : 기뻐하고 즐거워하는 모양. 희희낙락하는 모양.

*향태뢰(享太牢) : 큰 잔치 상을 받음.

*박혜(泊兮) : 멈추어 고요하다.

*미조(未兆) : 감정의 표현이 잘 되지 않음.

*미해(未孩) : 아직 방실거리며 웃지 않음.

*내래혜(儽儽兮) : 맥이 풀려 있는 모양.

*돈돈혜(沌沌兮) : 멍청한 상태. 혼돈의 상태.

*소소(昭昭) : 밝게 빛나다.

*찰찰(察察) : 총명한 모양.

*민민(悶悶) : 어리석은 모양.

*담혜(澹兮) : 안정되고 고요함.

*유이(有以) : 쓸모가 있음. 여기에서 이는 용(用)의 뜻.

*완사비(頑似鄙) : 완고하고 천박한 것 같음.

*식모(食母) : 만물의 어머니. 자연을 말함.

[大意]

배우는 것을 그만두면 우환이 없어진다. 배워서 '네' 하는 대답이나, 배우지 못해서 '응' 하는 대답이나 그것에 무슨 차이가 있는가.

좋거나 나쁜 것이 얼마나 차이가 있는가? 다만 세상 사람들이 모두 두려워하면 나도 두렵지 않을 수 없을 뿐이다. 학문이 가르치는 옳거나 그른 것은 끝이 없이 막연하고 멀어서, 그것을 연구하고 밝혀서 깨달음을 다하기가 어렵다.

모든 사람들은 희희낙락하며 잘 차린 상을 받은 손님 같이 마음이 들떠 있고, 봄날 높은 누각에 올라 사방을 둘러보는 구경꾼 같다.

그러나 나만 일없이 담담하고 조용해서 마음이 움직이는 기

색도 없다. 아직 웃을 줄 모르는 갓난아이 같고, 초라하게 풀이 죽어서 돌아갈 곳이 없이 방황하는 나그네 같다. 사람들은 모두 여유가 있는데, 나만은 무엇인가 잃어버려서 모자라는 것 같다.

나의 마음은 어리석어서 그저 멍청하기만 하다. 세상 사람들은 모두 빛나도록 영리한데, 나만 둔하고 흐리멍덩하다. 세상 사람들은 모두 총명하여 분명한데, 나만 우물쭈물 결단을 못 내리는 바보 같다. 잠잠해서 고요한 바다와 같고, 스치는 바람처럼 정처가 없다.

사람들은 다 유능하여 쓸모가 있는데, 나만 우둔하고 비천하여 촌스럽다. 그러나 오직 나만이 사람들과 다르게 먹이고 길러준 어머니의 도를 소중히 한다.

20장에서는 세속적인 학문을 배우는 것보다 무위자연의 도리에 따라서 사는 사람이 겉으로 보기에는 어리석은 것 같지만, 그것이 진실로 자연 본래의 모습으로 돌아가는 도리임을 밝혔다.

노자 도덕경은 고유명사를 어는 곳에도 쓰지 않는 저작으로 알려진 바이지만, '나'라는 일인칭 대명사는 가끔 쓰고 있다. 그 중에서 '나'를 가장 많이 쓴 장이 20장이다. 고유명사를 쓰지 않은 것은, 시간과 공간을 뛰어넘는 영원하고 보편적인 진리와 현상적인 것보다는 근본적인 것, 인격적인 것보다는 원리적인 것에 대한 노자의 의지를 나타내는 것이라고 볼 수 있다.

즉 '나'라는 일인칭 대명사로써 그 영원하고 보편적인 진리 앞에 홀로 선 한 사람, 도를 깨달아서 그것을 상대로 하여 독백하는 사람의 슬픔과 기쁨을 나타낸 것이다.

제21장
큰 덕의 모습은 오직 도만을 따를 뿐이니

孔德之容 惟道是從 道之爲物 惟恍惟惚 惚兮恍兮
공덕지용 유도시종 도지위물 유황유홀 홀혜황혜

其中有象 恍兮惚兮 其中有物 窈兮冥兮 其中有精
기중유상 황혜홀혜 기중유물 요혜명혜 기중유정

其精甚眞 其中有信 自古及今 其名不去 以閱衆甫
기정심진 기중유신 자고급금 기명불거 이열중보

吾何以知衆甫之狀哉 以此
오하이지중보지상재 이차

큰 덕의 모습은 오직 도만을 따를 뿐이니, 도의 물건 됨은 오
직 황하고 오직 홀하다. 홀하고 황하여 그 속에 형상이 있고,
황하고 홀하여 그 속에 물건이 있으며, 요하고 명하여 그 속에
정이 있다. 그 정은 심히 참되니 그 속에 믿음이 있다. 옛날부
터 지금까지 그 이름이 떠나지 않으니, 그로써 중보(衆甫)를 거
느린다. 내 무엇으로 중보의 형상을 알겠는가. 이것으로써 아
는 것이다.

[語釋]

*공덕(孔德) : 큰 덕.

*요혜(窈兮) : 깊고 아득하다. 그윽하다.

*명혜(冥兮) : 어둡다. 어두운 모양.

*정(精) : 순수하고 맑은 도를 뜻함.

*중보(衆甫) : 만물의 끝과 시작. 만물의 소멸과 생성. 수많은 장로(長老).

*이차(以此) : 까닭. 이유. 여기에서 이는 앞에서의 도를 뜻함.

[大意]

　큰 덕은 오직 도 그대로를 따를 뿐이다. 도라는 것은 어두워서 잘 분간할 수 없고, 분간할 수 없는 어두움 속에서도 무엇인가 형상이 있으며, 분간할 수 없는 어둠속에서도 무엇인가로 존재하고 있다.

　도는 오로지 자신의 황홀한 도취 상태에서 경험할 수 있는 것으로, 자신을 망각한 상태에서 모든 현상이 보이고, 자신을 잃어버린 황홀한 상태에서 존재한다.

　심오하고 그윽한 속에 도의 본질이 있고, 그 본질은 다시없는 참된 것이며, 그 속에 믿음과 진실이 들어 있다.　예로부터 지금까지 변함이 없이 도라고 하여 그 이름으로 부르고 있고, 그 이름으로 지배자인 왕후들이 수많은 장로들을 거느리는 것과 같이 다른 여러 면에서도 제각기 다른 근본적인 원리를 통일한 것이다. 이 세상의 수많은 장로들의 실상을 내가 어떻게 알겠는가. 그것은 도를 통해서이다.

21장에서는 도를 황홀과 요명으로 말했다. 특히 형용사 요명(窈冥)을 사용하여 그 설명도 구체적이며, 새로운 정(精)의 개념을 더하여 도를 역설했다.

제22장
굽으면 곧 온전하고, 굽히면 곧 곧으며

曲則全 枉則直 窪則盈 弊則新 少則得 多則惑 是以聖人

곡즉전 왕즉직 와즉영 폐즉신 소즉득 다즉혹 시이성인

抱一爲天下式 不自見故明 不自是故彰 不自伐故有功

포일위천하식 불자견고명 불자시고창 부자벌고유공

不自矜故長 夫惟不爭 故天下莫能與之爭 古之所謂

부자긍고장 부유부쟁 고천하막능여지쟁 고지소위

曲則全者 豈虛言哉 誠全而歸之

곡즉전자 기허언재 성전이귀지

굽으면 곧 온전하고, 굽히면 곧 곧으며, 오목하면 곧 차고, 낡으면 곧 새로워지며, 적으면 곧 얻고, 많으면 곧 어지럽다. 이로써 성인은 하나를 안아서 천하의 법이 된다. 스스로 나타내지 않으니 따라서 밝고, 스스로 옳다 하지 않으니 따라서 드러나며, 스스로 뽐내지 않으니 따라서 공이 있고, 스스로 자랑하지 않으니 따라서 오래간다. 다투지 않으니 따라서 천하가 능히 더불어 다툼이 없다. 옛날 말에 소위 굽으면 곧 온전하다는 것이 어찌 허언이겠는가. 진실로 온전하여 이를 되돌린다.

*포일(抱一) : 하나같이 품음. 하나같이 지니어 감.

*천하식(天下式) : 천하의 규범. 표준

*부자벌(不自伐) : 스스로 자랑하지 않음.

*자긍(自矜) : 스스로 뽐내다.

*막능여지쟁(莫能與之爭) : 능히 더불어 다툴 수 없다.

*전이귀지(全而歸之) : 온전히 가졌다가 돌려놓음.

[大意]

　자신을 굽히고 순리를 좇으면 자신을 온전히 보존하게 된다. 또 때를 기다리며 자신의 주장을 굽힐 줄 알면 언젠가는 그 뜻이 이루어진다. 바라는 것이 적으면 오히려 많은 것을 얻게 되고, 많이 가지고 있으면 망설이다가 도리어 그것을 잃을 수도 있다.

　굽은 나무가 수명을 다 하고, 애벌레는 몸을 굽힘으로써 뻗을 수 있다. 물은 우묵한 웅덩이로 흘러 모이고, 옷은 낡아서 해져야 다시 새 것으로 갈아입는다. 욕심이 적으면 마음의 만족을 얻을 수 있고, 지식이 많으면 갈피를 잡지 못한다.

　따라서 성인은 하나의 도를 간직하고 지킴으로써 천하의 규범으로 삼는다. 무위자연의 성인은 자신을 내세우지 않기 때문에 그 존재가 더 드러나고, 자신의 판단만으로 옳다 그르다 주장하지 않으므로 오히려 바르게 세상에 나타난다. 자신의 공을 자랑하지 않으므로 그 공은 자신의 것이 되고, 자만하지 않으므로 언제까지나 존경을 받을 수 있게 된다. 성인은 자신의 한계를 알아서 절대로 남과 다투지 않는다. 그러므로 세상에 그 누구도 그를 대적하여 다투려고 하지 않는다.

옛 사람이 말하기를 '굽은 나무는 제 수명을 다한다.'고 했다. 참으로 세상의 진리를 제대로 말한 것이다. 참된 굽은 나무가 되어 내 몸을 온전하게 하여 그것을 대자연에 되돌려 주어야 한다.

노자가 강한 이빨보다 연약한 혀가 되라고 한 말은 너무나 유명한 말이다. 직선적인 것보다 곡선적인 것, 앞에 나서는 것보다는 뒤에 서서 무리가 없이 처세하는 것, 이것이 노자의 삶의 근본이며, 그러기 위해서는 먼 길을 돌아가기도 하고, 굴욕을 감수할 줄도 알아야 한다.

노자가 다툼이 없는 덕을 역설한 이유도 바로 이것이며, 지는 것이 이기는 것이라는 것을 강조하는 것도 이런 이유이다.

22장에서는, 노자가 도덕경 전반에 걸쳐서 그랬듯이, 있는 것보다는 없는 것, 갖는 것보다는 갖지 않는 것, 적극적인 것보다는 소극적인 것, 많은 것보다는 적은 것을 주장하면서도, 그것들을 대칭시키는 것으로 끝내는 것이 아니라 융화시키면서 그 속에서 가치관을 표출해 냈다.

제23장
들리지 않는 말은 자연이다

希言自然 故飄風不終朝 驟雨不終日 孰爲此者 天地

희언자연 고표풍불종조 취우불종일 숙위차자 천지

天地尙不能久 而況於人乎 故從事於道者 道者同於道

천지상불능구 이황어인호 고종사어도자 도자동어도

德者同於德 失者同於失 同於道者 道亦樂得之 同於德者

덕자동어덕 실자동어실 동어도자 도역락득지 동어덕자

德亦樂得之 同於失者 失亦樂得之 信不足焉 有不信焉

덕역락득지 동어실자 실역락득지 신부족언 유불신언

들리지 않는 말은 자연이다. 따라서 표풍은 아침을 마치지 못하고, 취우는 하루를 마치지 못한다. 누가 이것을 하는가 하면 천지다. 천지도 오히려 능히 오래가지 못하는데, 하물며 사람이 하겠는가. 그러므로 도를 좇는 사람은 도는 도와 같게 하고, 덕은 덕과 같게 하고, 실은 실과 같게 한다. 도와 하나 되면 도 또한 그것을 얻어 즐거워하고, 덕과 하나 되면 덕 또한 그것을 얻어 즐거워하며, 실과 하나 되면 실 또한 그것을 얻어 즐거워하는 것이니, 믿음이 부족하면 믿지 않게 되는 것이다.

[語釋]

*희언(希言) : 들리지 않는 말.

*표풍(飄風) : 회오리바람.

*취우(驟雨) : 소나기. 폭우.

*실자(失者) : 도와 덕을 잃은 사람.

[大意]

　들어도 들리지 않는 말은 무위의 자연이다. 회오리바람은 아침 내내 계속 불지 못하고, 퍼붓는 소나기는 하루 종일 내리지 못한다.

　바람을 일으키고 비를 내리게 하는 것은 무엇인가? 그것은 하늘과 땅이 하는 일이다. 그 하늘과 땅이 비바람을 계속하지 못한다면, 사람이야 더할 나위가 없는 일이지 않겠는가.

　그러므로 무위자연 그대로 도를 좇는 사람은 그 도와 하나가 되어서 도와 어울리게 되는 것이고, 또 덕이 있는 사람은 그 덕과 하나가 되어서 어울리게 되는 것이다. 그러므로 도와 덕을 잃은 사람은 그 도와 덕을 자연스럽게 잃어버리게 되는 것이다.

　도와 하나가 되면 도 또한 그를 얻어 기뻐하게 되고, 덕과 하나가 되면 덕 또한 그를 얻어 기뻐할 것이다. 반대로 도와 덕을 잃으면, 도와 덕 역시 그 사람을 잃게 된다. 무위자연의 믿음을 잃은 말은 누구로부터도 신용을 얻지 못한다.

23장에서는 궁극적으로 진실한 말, 다시 말해서 지언(至言)에 대해서 말하고 있다.

도는 아무 말 없는 가운데 모든 진리를 스스로 말한다. 인간은 인위적으로 구실을 붙인 말들을 하지만, 무위자연의 도는 묵묵히 한 마디 말도 없이 오직 홀로 침묵을 지키며 조화를 이루어 간다.

자연은 아무 말이 없이 나뭇가지에 푸른 싹이 돋게 하고, 꽃이 피어나게 하며, 새를 하늘 높이 날게 하지만, 그것이 자신이 이루어 놓은 결과라고 말하지 않는다.

그러나 거기에는 영구불변의 모든 진리가 소리 없는 말로, 들리지 않는 음성으로 말하고 있고, 그 역사의 진리는 그 어떤 것도 속일 수가 없는 것이다.

노자는 도의 세계에 있어서 이러한 말없는 말을 희언(希言)으로 파악했으며, 그 소리 없는 소리를 자연이라고 설명했다.

자연이 말하는 희언만이 믿음이며, 대자연의 질서인 것이다. 이것만이 거짓이 없는 진리이고, 거짓이 없는 진리의 말은 영원한 것이다.

이 밖의 어떠한 소리도 희언처럼 영원할 수는 없고, 희언처럼 자연일 수도 없다. 천지를 진동시키는 폭풍우의 울부짖음도, 귀청을 찢는 인간들의 요란한 자기주장도 머지않아 본래의 침묵으로 돌아와 도의 혼돈에 흡수되어 버리는 것이다.

노자는, 이 혼돈 속으로 흡수되어 침묵으로 돌아온 곳에서 세상과 인간의 근본적인 진리를 소리 없는 소리로 듣고 말이 없는 말로 대화하는 사람, 그것이 도를 체득한 무위의 성인이라고 설명하고 있다.

제24장
발끝으로 서는 사람은 서지 못하고

企者不立 跨者不行 自見者不明 自是者不彰 自伐者無功
기자불립 과자불행 자견자불명 자시자불창 자벌자무공

自矜者不長 其在道也 曰餘食贅行 物或惡之 故有道
자긍자부장 기재도야 왈여식췌행 물혹오지 고유도

者不處
자 불 처

　발끝으로 서는 사람은 서지 못하고, 급하게 걷는 사람은 행동하지 못한다. 스스로 보는 사람은 밝지 못하고, 자신이 옳다는 사람은 드러나지 못한다. 자신을 내세우는 사람은 공이 없고, 자신을 자랑하는 사람은 오래가지 못한다. 그러한 도가 있음을 여사췌행이라 한다. 만물이 혹 싫어할 수 있어 도를 얻은 사람은 거처하지 않는다.

[語釋]
*기자(企者) : 발끝으로 서는 사람.

*과자(跨者) : 타넘는 사람, 즉 급하게 걷는 사람. 걸터앉는 사람.

*췌행(贅行) : 본분에 어긋난 행동. 쓸데없는 행동.

*물혹오지(物或惡之) : 자연은 항상 이것을 싫어함. 물은 자연, '혹
은 항상, 늘, 언제나'라는 뜻.

[大意]

발돋움을 해서 발끝으로 서는 사람은 오래 서 있지 못하고,
급하게 걷는 사람은 멀리 가지 못한다.

자신의 안목으로 본 것을 내세우려고 하면 밝고 진실한 것을
볼 수 없고, 자신의 판단이 옳다고 하면 선악을 구별하지 못하
게 된다. 자신의 공적을 칭찬하면 그 공도 아무 소용이 없게 되
고, 자신이 이룬 업적을 자랑하게 되면 그 앞이 막히게 된다.

무위자연의 도에서는 이러한 부자연스러운 행위를 일러 말
하기를, 지나치게 차려서 먹다 남은 찌꺼기나 쓸데없는 행동이
라고 한다. 이러한 것은 자연이 늘 싫어하며 방관하는 것으로,
도를 터득한 사람은 그러한 입장에는 몸을 두지 않는다.

노자의 무위는 있는 그대로의 본래 모습을 자연스럽게 행동
하려 하는데 있다. 내 스스로의 모습에서 더하지도 덜 하지도
않으면서 살아가는 것이다.

그것은 물질적인 것을 분수 넘치게 갖지 않는다는 뜻과 함께
스스로를 내세워 자랑하려고 하는 생각 등 모든 허영과 허식
같은 것을 버리는 것을 뜻한다.

여기에 명예나 업적 같은 것을 반드시 부정하지는 않지만, 명예 역시 자연스럽게 나타나는 것일 때 긍정이 되는 것이며, 업적도 스스로 자신의 업적으로 의식하면 업적으로서의 가치가 없어진다.

도는 자연스러운 인간의 삶, 그것에서 비뚤어진 만물을 정상적인 상태로 돌아가게 하는 위대한 힘이다. 자랑하거나 으스대는 것은 노자나 장자에서 가장 싫어하는 대목이다.

24장에서는, 자신의 지혜나 덕망을 억지로 남에게 나타내려고 하면 오히려 그 빛을 보지 못하는 결과를 초래한다는 것, 따라서 모든 일은 자연의 순리대로 따를 때에 빛나고 오래 간다는 것을 강조했다.

제25장
물질이 있어 혼성하여 천지보다 먼저 생겼다

有物混成 先天地生 寂兮寥兮 獨立不改 周行而不殆

유물혼성 선천지생 적혜요혜 독립불개 주행이불태

可以爲天下母 吾不知其名 字之曰道 强爲之名曰大

가이위천하모 오부지기명 자지왈도 강위지명왈대

大曰逝 逝曰遠 遠曰反 故道大 天大 地大 王亦大

대왈서 서왈원 원왈반 고도대 천대 지대 왕역대

域中有四大 而王居其一焉 人法地 地法天 天法道

역중유사대 이왕거기일언 인법지 지법천 천법도

道法自然

도법자연

물질이 있어 혼성하여 천지보다 먼저 생겼다. 적막하고 고요
하여 홀로 서서 고치지 않으며 두루 다녀 위태롭지 않다. 가히
이로써 천하의 어머니라 할 수 있으나 나는 그 이름을 알지 못
한다. 글자로 도라 하고, 굳이 이름을 붙여 크다고 말한다. 크
면 가고, 가면 멀고, 멀면 돌아오니, 그러므로 도는 크고, 하늘

도 크고, 땅도 크고, 왕도 또한 커서 역 안에 사대가 있는데,
왕이 그 하나에 있다. 사람은 땅을 본받고, 땅은 하늘을 본받
고, 하늘을 도를 본받고, 도는 자연을 본받는다.

[語釋]

*적혜(寂兮) : 고요함. 적막함.

*료혜(廖兮) : 공허하다. 아득하다.

*불개(不改) : 변함이 없음. 바뀌지 않음.

*위천하모(爲天下母) : 천하의 근본이 되다.

*서(逝) : 가다. 운행하다. 모든 것을 다스리며 변화하다.

*원(遠) : 아득한 곳까지 이르다.

*역중(域中) : 세상. 우주.

*인법지(人法地) : 사람은 땅을 본받음. 땅의 도리를 본받는다는 뜻.

[大意]

　만물이 뒤섞여서 만들어진 것은 하늘과 땅이 이루어지기 전
의 일이다. 고요하여 소리도 없고, 아득하여 형체도 없으며, 아
무 것에도 의존하지 않고, 어떤 것으로도 변하지 않으며, 세상
에 두루 나타나 잠시도 쉬지 않는, 그것을 만물의 어머니라고
말할 수도 있다.

　나는 실상 그 이름마저 알 수 없으나, 글자로 그 이름을 도라
하고, 굳이 그 성질에 맞는 이름을 짓는다면 큰 것이라고 할 수

있겠다.

이 큰 것은 크기 때문에 하늘의 법칙에 따라 무한히 운행하고, 운행하면 끝이 안 보이는 넓이를 갖게 되며, 멀고 먼 넓이를 갖게 되면 또 본래의 근원으로 돌아간다.

따라서 도는 큰 것이다. 큰 것으로는 하늘도 크고, 땅도 크고, 임금도 또한 크다. 이 세상에는 네 가지 큰 것이 있는데 임금이 그 중 하나를 차지하고 있다.

인간을 다스리는 임금은 땅의 멀고 넓은 것을 본받고, 땅은 하늘의 조화와 도리를 본받으며, 하늘은 다시 무한한 도의 운행을 본받는다. 그리고 도의 본 모습은 자연이기 때문에 무위자연 그대로를 본받은 것이다.

25장은 1장, 4장, 14장, 21장과 함께 노자 철학의 근본적인 개념 즉 도에 대하여 원리적으로 설명한 것이다.

도는 사람의 인식을 초월한 존재이다. 무엇이라고 표현하여 그리거나 또는 감각으로 느낄 수 있거나 인지할 수 없는 그 어떤 실재이고, 없는 것이 아니고 분명히 있는 것이며, 있을 뿐만 아니라 온 세상의 만물을 끊임없이 생성화육(生成化育)시키는 조화를 가지고 있는 존재이다. 그리고 그 생성화육의 조화는 명백한 것이 아니라 혼돈한 속에서 모두 이루어진다.

도는 천지창조의 현상세계가 이루어지기 이전에 있던 것이다. 따라서 도는 이 우주 안에 존재하는 모든 것의 근원이요, 영구불멸의 존재라고 할 수 있다.

제26장
무거운 것은 가벼운 것의 뿌리가 되고

重爲輕根 靜爲躁君 是以聖人 終日行 不離輜重 雖有
중위경근 정위조군 시이성인 종일행 불리치중 수유

榮觀 燕處超然 奈何萬乘之主 而以身輕天下 輕則
영관 연처초연 내하만승지주 이이신경천하 경즉

失本 躁則失君
실본 조즉실군

무거운 것은 가벼운 것의 뿌리가 되고, 조용한 것은 시끄러운 것의 주인이 된다. 이것으로 성인은 종일을 다녀도 치중을 떠나지 않고, 비록 영관이 있어도 편안함에 있어서 초연하다. 어찌 만승의 주인으로 몸을 천하에 가볍게 하겠는가. 가벼우면 근본을 잃고, 시끄러우면 주인을 잃는다.

[語釋]
*정위조군(靜爲躁君) : 고요함은 시끄러움의 주인이 된다.
*치중(輜重) : 짐수레. 여기에서는 개인의 여행에 필요한 짐수레.

*영관(榮觀) : 볼만한 구경거리.

*연처초연(燕處超然) : 속세에서 벗어나 편안하게 지냄.

*만승지주(萬乘之主) : 병거(兵車) 만 대를 부릴 수 있는 군주.

[大意]

　무거운 것은 가벼운 것의 근본이 되고, 고요한 것은 시끄러운 것의 주인이 된다.

　이것은 자연의 이치다. 따라서 성인은 하루 종일 길을 다녀도 짐수레를 떠나지 않고, 볼만한 구경거리에도 마음을 두지 않아 초연하다.

　어찌 만승의 주인으로 세상을 지배하면서 몸을 가볍게 하겠는가? 경솔하게 행동하면 근본을 잃게 되고, 수선스럽고 조급하면 지배자로서의 지위를 잃게 된다.

　노자는 첨예한 것보다는 둔중한 것을, 격동하는 것보다는 안정하는 것을 중시했다.

　26장에서는 경솔하고 조급하지 말며, 신중하고 안정하며 중심을 아래로 두는, 무위 성인이 갖추어야 할 처세의 기본에 대해 말하고 있다.

　무거운 것은 가벼운 것의 근본이며, 조용한 것이 시끄러운 것을 지배한다는 말의 큰 뜻은, 경거망동하면 결국 침착하고 신중한 것에 억눌리게 된다는 것으로, 초조하며 행동이 가벼운 사람은 차분하게 가라앉아 행동이 무거운 사람에게 지배당한다는 말이다.

　이 장에서 말하는 중정(重靜)은 도나 도를 터득한 사람의 모습이고, 경조(輕躁)는 만상(萬象)이나 도를 깨닫지 못한 사람의 모습이며, 중정이 여성적인 것이라면 경조는 남성적이라고 생각할 수 있다.

제27장
잘 가면 흔적이 없고, 잘 말하면 하적이 없으며

善行 無轍迹 善言 無瑕謫 善數 不用籌策 善閉 無

선행 무철적 선언 무하적 선수 불용주책 선폐 무

關楗而不可開 善結 無繩約而不可解 是以聖人 常善

관건이불가개 선결 무승약이불가해 시이성인 상선

求人 故無棄人 常善救物 故無棄物 是謂襲明 故善人者

구인 고무기인 상선구물 고무기물 시위습명 고선인자

不善人之師 不善人者 善人之資 不貴其師 不愛其資

불선인지사 불선인자 선인지자 불귀기사 불애기자

雖智大迷 是謂要妙

수지대미 시위요묘

잘 가면 흔적이 없고, 잘 말하면 하적이 없으며, 잘 세면 주책이 필요 없다. 잘 잠그면 관건 없이 열 수 없고, 잘 묶으면 승약이 없이 풀 수 없다. 이로써 성인은 항상 사람을 잘 구하니, 따라서 사람을 버리는 일이 없고, 항상 물건을 잘 구하니, 따라서 물건을 버리는 일이 없다. 이것을 말해서 밝은 덕이라고 한다. 그러므로 선한 사람은 선하지 못한 삶의 스승이요, 선하지 못한 사람은 선한 사람의 바탕이다. 그 스승을 귀하게 여기지 않고, 그 바탕을 사랑하지 않으면 비록 지혜롭다고 할지라도 크게 헤맨다. 이것을 말해 오묘라고 한다.

[語釋]

*선행(善行) : 잘 가다. 무엇에도 구애되지 않고 자연의 도리를 따라 행함.

*철적(徹迹) : 지나간 자국.

*하적(瑕謫) : 흠을 잡아 꾸짖음.

*주책(籌策) : 셈할 때 쓰는 대나무 가지.

*관건(關鍵) : 빗장과 자물쇠.

*습명(襲明) : 밝은 덕을 가지다.

*자(資) : 밑천. 도움이 되는 근거.

*요묘(要妙) : 중요한 묘법, 즉 자연의 도를 가리킴.

[大意]

잘 간다는 것은 지나간 흔적을 남기지 않는 것이고, 말을 잘하는 것은 그 말에 흠잡을 데가 없는 것이며, 계산을 잘하는 것은 산가지 따위를 쓰지 않아도 된다는 것이고, 문을 잘 잠그면 빗장을 걸지 않아도 아무도 열지 못하며, 잘 묶는다는 것은 매듭을 짓지 않아도 풀어지지 않게 한다는 것이다.

성인은 선한 사람만 좋아하고 그렇지 못한 사람은 버리는 것이 아니라, 모든 사람을 버리지 않고 잘 살려 나가므로 어떤 사람도 버려지는 일이 없고, 또 물건을 잘 다스려 쓰되 어떤 물건도 버리는 일이 없다. 때문에 이것을 밝은 지혜를 몸에 지녔다고 말한다.

그러므로 성인의 입장에서 말하면, 착한 사람은 착하지 않은 사람이 본받는 스승이 되고, 착하지 않은 사람은 착한 사람이 반성하는 데에 도움이 되는 것이다. 사람으로서 자신의 스승을 귀히 여기지 않고, 자신을 귀히 여기지 않으면, 비록 지혜로운 사람이라 할지라도 미혹되어 분별을 못하게 되는 것이니, 이것을 오묘한 도리라고 말하는 것이다.

27장에서는 전반적으로 선(善)에 대한 경지를 밝혔다. 최상의 선은 무위자연의 경지이다. 노자의 선은 악과 그 근원을 하나로 생각했고, 악 또한 용서하고 이끌면 선이라고 생각했다.

악과 선을 엄격히 구별하고, 선이 아니면 악이며, 악이 아니면 선이라는 양자택일적인 생각은 노자가 좋아하는 것이 아니다. 그러한 생각은 분별없는 지각이며, 어떤 일을 이루다가 결국에 가서 실패를 불러 오게 된다.

세상은 현상으로만 파악할 수 없는 신비로운 그릇이다. 하나의 거대하고 불가사의한 생명이 있는 존재이고, 어느 누구도 마음대로 억지를 부려 차지할 수 없으며, 그렇게 되면 결국은 잃게 되고 마는 것이다.

제28장
그 수컷을 알아서 그 암컷을 지키면

知其雄 守其雌 爲天下谿 爲天下谿 常德不離 復德
지 기 웅 수 기 자 위 천 하 계 위 천 하 계 상 덕 불 리 복 덕

歸於嬰兒 知其白 守其黑 爲天下式 爲天下式 常德不忒
귀 어 영 아 지 기 백 수 기 흑 위 천 하 식 위 천 하 식 상 덕 불 특

復歸於無極 知其榮 守其辱 爲天下谷 爲天下谷
복 귀 어 무 극 지 기 영 수 기 욕 위 천 하 곡 위 천 하 곡

常德乃足 復歸於樸 樸散則爲器 聖人用之 則爲官長
상 덕 내 족 복 귀 어 박 박 산 즉 위 기 성 인 용 지 즉 위 관 장

故大制不割
고 대 제 불 할

그 수컷을 알아서 그 암컷을 지키면 천하의 골짜기가 되니, 천하의 골짜기가 되면 항상 덕이 떠나지 않아서 갓난아이로 돌아간다. 그 흰 것을 알아 그 검은 것을 지키면 천하의 법이 되니, 천하의 법이 되면 성덕이 어긋나지 않아 무극으로 돌아간다. 그 영화를 알아 그 욕됨을 지키면 천하의 골짜기가 되니,

천하의 골짜기가 되면 항상 덕이 넉넉하여 박으로 되돌아간다. 박이 쪼개지면 곧 그릇이 된다. 이를 쓰면 관장(官長)이 되니, 그러므로 대제(大制)는 베지 않는다.

[語釋]
*지기웅 수기자(知其雄 守其雌) : 수컷의 강함을 알고, 암컷의 부드러움을 지킨다는 뜻.
*계(鷄) : 여기에서는 골짜기의 뜻. 물이 골짜기로 모이듯 만물이 귀착이 되는 도의 상태를 말함.
*특(忒) : 어긋남.
*산(散) : 할(割)과 같은 뜻으로, 쪼갠다는 뜻.

[大意]
　수컷의 강건함을 터득하고, 암컷의 유연함을 지키어 나가면 천하의 모든 것이 모이는 골짜기가 되고, 천하의 모든 것이 모여드는 큰 골짜기가 되면 영원불변의 덕이 깃들어 인간 본연의 모습으로 돌아간다.
　밝고 지혜로운 것이 어떠한 것인지를 터득하고 어리석은 어두움의 이치를 지키면 온 천하의 사람들이 우러러 보는 본보기가 되고, 온 천하의 사람들이 우러러 보는 본보기가 되면 영구불변의 덕에 어긋남이 없이 만물의 근원인 도의 세계로 돌아가게 된다. 속세의 영화가 어떤 것인가를 알아서 굴욕을 당했을 때의 태도를 지킨다면 온 세상이 흠모하는 것처럼 되어, 마치 시냇물이 모여드는 것처럼 사람들이 모이는 골짜기가 될 것이다. 세상만물이 돌아오는 큰 골짜기가 되면 영구불변의 무위의 덕으로 가득 차서 사람이 손대지 않은 통나무의 소박함으로 돌아가게 된다.

통나무를 나누어 쪼개면 쓰임새가 다른 그릇이 된다. 성인은 그것을 적절히 써서 맡은 일이 다른 모든 관리를 다스리는 어른이 된다. 그러므로 위대한 지도자는 인위적으로 하지 않고 자연 그대로의 상태로 두는 것이다.

28장의 내용은, 모든 무위자연의 덕을 여성적인 유연함과 골짜기의 겸허함, 그리고 갓난아이의 순진성과 통나무의 질박함에 비유하여 상징적으로 설명하고 있다. 지기웅 수기자 위천하계(知其雄 守其雌 爲天下谿)에서 웅(雄)은 남성적인 강건함을 뜻하며, 자(雌)는 여성적인 유연함을 상징적으로 나타낸 것이다. 남성적인 강건함을 확실히 터득한 뒤에 여성적인 유연함을 지켜 나가면, 물이 모여드는 골짜기처럼 세상의 모든 사람들이 모여드는 위대한 인격체가 된다는 말이다.

이 장에서는 골짜기를 깊숙하고 텅 빈 존재로서 도를 비유적으로 설명하는 말로 많이 쓰고 있다. 또 웅을 알고 있는 사람은 곧 수컷을 충분히 알고 있는 암컷을 말하는 것으로, 남성의 본질을 충분히 터득한 후의 여성적인 태도를 설명하고 있다는 점에서 노자의 사상적 특색을 엿볼 수 있다.

제29장
장차 천하를 취하려는 욕심이 있어도

將欲取天下而爲之 吾見其不得已 天下神器 不可爲也
장 욕 취 천 하 이 위 지   오 견 기 부 득 이   천 하 신 기   불 가 위 야

爲者敗之 執者失之 故物 或行或隨 或噓或吹 或强
위 자 패 지 집 자 실 지 고 물 혹 행 혹 수 혹 허 혹 취   혹 강

或羸 或挫或隳 是以聖人 去甚 去奢 去泰
혹 리   혹 좌 혹 휴 시 이 성 인 거 심   거 사   거 태

장차 천하를 취하려는 욕심이 있어도 나는 그것이 얻어지지 않음을 볼 뿐이고, 천하는 신기(神器)여서 감히 어쩔 수 없는 것이다. 행하는 사람은 패하고 잡는 사람은 잃는다. 따라서 만물은 혹은 행하고, 혹은 따르며, 혹은 내쉬고, 혹은 불며, 혹은 강하고, 혹은 약하며, 혹은 얹히고, 혹은 떨어진다. 이로써 성인은 심함을 버리고, 사치를 버리고, 교만을 버린다.

[語釋]
*위지(爲之) : 인위적으로 하다.

*신기(神器) : 신묘한 그릇이라는 뜻으로, 천하는 불가사의하다는 말.
*혹행혹수(或行或隨) : 혹은 앞서가기도 하고, 혹은 뒤따르기도 한다.
*혹좌혹휴(或挫或隳) : 혹은 엎히고, 혹은 떨어진다.
*거태(去泰) : 교만함을 버리다.

[大意]

  사람이 세상을 장악하여 잘 다스려 보려고 해도, 그것이 생각대로 되지 않는다는 것을 나는 알고 있다. 세상은 신비로운 것이어서 다스리려고 해도 사람의 힘으로는 어쩔 수 없는 것이다. 인위적으로 다스리고자 해도 실패하게 되고, 지배권을 잡으려고 하면 잃게 된다.

  천하 만물은 스스로 앞서가는 것도 있고, 다른 것을 따라가는 것도 있다. 숨을 들이마시어 따뜻하게 하기도 하고, 내쉬어 차게 하기도 하며, 강한 것도 있고, 약한 것도 있으며, 위에 엎히는 것도 있고, 아래로 떨어져 무너지는 것도 있다. 세상은 한 곳으로만 나아가는 것이 아니어서 억지로 하는 행위는 받아들여지지 않는다. 그러므로 성인은 인위적인 것을 버려서 무위적으로 행동하고, 사치함과 교만함과 태만함을 버린다.

  29장은, 춘추전국시대에 세상을 지배하고자 했던 수많은 군웅들이 세상을 손안에 넣는다는 것은 아무리 애를 써도 인위적으로는 결코 이루어지지 않는다는 것을 설명했고, 무위자연의 성인만이 궁극적으로 무욕의 승리를 얻는다는 것을 말했다.

제30장
도로 인하여 군주를 돕는 사람은

以道佐人主者 不以兵强天下 其事好還 師之所處
이도좌인주자　불이병강천하　기사호환　사지소처

荊棘生焉 大軍之後 必有凶年 善者果而已 不敢以取强
형극생언　대군지후　필유흉년　선자과이이　불감이취강

果而勿矜 果而勿伐 果而勿驕 果而不得已 果而勿强
과이물긍　과이물벌　과이물교　과이부득이　과이물강

物壯則老 是謂不道 不道早已
물장즉로　시위부도　부도조이

　도로 인하여 군주를 돕는 사람은 병사로 천하에 강하게 나타
내지 않는다. 그런 일은 돌아가기를 좋아한다. 군사가 있는 곳
에는 형극이 생기게 되고, 대군(大軍)의 뒤에는 반드시 흉년이
있다. 잘하는 사람은 미루어 이루게 되고, 함부로 강한 것을 취
하지 않는다. 이루고 나서 잘난 체하지 않고, 이루고 나서 자랑
하지 않고, 이루고 나서 교만하지 않는다. 이루고도 얻지 못하
고, 이루고도 강하지 않다. 만물은 성하면 쇠한다. 이것을 부도

(不道)라 하는데, 부도는 일찍 끝나게 된다.

[語釋]

*강천하(强天下) : 천하에 강하게 나타내다.

*호환(好還) : 처음의 상태로 돌아가는 것을 좋아하다.

*형극(荊棘) : 가시덤불.

*대군(大軍) : 큰 군사의 뜻이니, 즉 큰 전쟁을 말함.

*과이이(果而已) : 미루어 이루다.

*물교(勿驕) : 교만하지 않다.

*물장즉노(物壯則老) : 만물은 성하면 쇠한다.

*부도(不道) : 자연의 도리에 어긋남.

[大意]

무위자연의 도에 바탕을 두고 지배자를 보좌하는 사람은 무력으로써 나라를 강하게 만들지 않는다. 무력은 무력을 다시 불러오기 때문이다. 군대가 주둔하고 나면 그 곳은 황폐해져서 가시나무가 무성하고, 또 큰 전쟁이 있고 난 뒤에는 반드시 흉년이 든다고 한다.

나라를 잘 다스리는 사람은 목적을 달성하는 것으로 만족하고, 그렇게 하고도 자랑하지 않고, 목적을 성취하고 나서 뽐내지 않으며, 또 공을 내세워 교만하지 않고, 목적을 달성한 이상 더 욕심을 내지 않는다. 만물은 성하고 나면 반드시 쇠퇴하기 마련이니, 이처럼 강한 것에 집착하는 것은 도에 어긋나는 것이다. 도에 어긋나는 모든 것은 오래가지 못한다.

30장에서는, 인위적인 것으로 세상을 지배하는 것은 불가능하다고 한 29장과 연계하여, 무력으로 천하를 얻는 것은 도에 어긋나는 것이라고 역설하고, 당시 나라를 다스리는 사람들이 부르짖던 부국강병의 군국주의는 백성들을 짓밟는 것이라고 권력의 허망함을 비판했다.

노자는 전쟁을 절대적으로 부정하지는 않았고, 부득이한 경우에는 어쩔 수 없다는 것을 인정하고 있으나, 그가 전쟁을 비판하고 부정하는 중요한 이유 중의 하나는 그것이 무위자연의 순리를 거스르는 권력자들의 부도덕적인 행위이고, 그로 인하여 발생하는 사람이 살아가는데 없어서는 안 되는 근본(농촌의 자연 환경이 파괴되어 가는 것)의 훼손이었다.

노자는 전쟁을 말하기를, 인위적으로 인간의 생존을 위협하며 무리하게 강행하는 최대의 반자연적인 것이라고 규정했다. 그는 이렇게 전쟁이 반자연적이라는 것을 도덕경의 여러 곳에서 인용하여 비판하고 있다.

노자처럼 무위의 도를 터득한 사람이 한 사람의 관료로서 정치에 참여한다는 생각은, 유가나 법가의 사상에서 영향을 받은 도가사상(道家思想)의 후차적인 전개라고 볼 수 있다. 본래의 도가사상은 오로지 지배자의 무위를 알아듣게끔 이끌고, 정치적인 행위의 기구를 부정하는 것이었다.

제31장
대저 병기란 것은 상서롭지 못한 그릇이라

夫佳兵者 不祥之器 物或惡之 故有道者不處 君子居
부가병자　불상지기　물혹악지　　고유도자불처　군자거

則貴左 用兵則貴右 兵者不祥之器 非君子之器
즉귀좌　용병즉귀우　　병자불상지기　　비군자지기

不得已而用之 恬淡爲上 勝而不美 而美之者 是樂殺人
부득이이용지　염담위상　승이불미　이미지자　시락살인

夫樂殺人者 則不可以得志於天下矣 吉事尙左 凶事
부락살인자　즉불가이득지어천하의　길사상좌　흉사

尙右 偏將軍居左 上將軍居右 言以喪禮處之 殺人之衆
상우　편장군거좌　상장군거우　언이상례처지　살인지중

以哀悲泣之 戰勝以喪禮處之
이애비읍지　전승이상례처지

　　대저 병기란 것은 상서롭지 못한 그릇이라, 물이 항상 미워
하므로 도 있는 사람은 머무르지 않는다. 군자가 있는 왼쪽을
귀히 여기고, 병기를 쓰면 오른쪽을 귀히 여긴다. 병기는 상서

롭지 못한 그릇이라 군자의 그릇이 아니다. 부득이 사용하면 염담을 위로 하고, 이겨도 아름답다 하지 않는다. 만일 아름답다고 하면 이는 살인을 즐기는 것이다. 대저 살인을 즐기면 곧 그것으로써 천하를 얻을 수 없다. 좋은 일에는 좌를 숭상하고, 흉한 일에는 우를 숭상한다. 편장군은 좌에 있고, 상장군은 우에 있다. 상례로써 처하는 것을 말하는 것이다. 살인을 많이 하면 슬픔에 다다르니, 싸워서 이겨도 상례로써 처한다.

[語釋]
*가병자(佳兵者) : 훌륭한 무기.
*염담(恬淡) : 마음을 편하게 갖는 것.
*편장군(偏將軍) : 부장군(副將軍).

[大意]
　대체로 보아서 무기라는 것은 모든 사람에게 피해를 주는 좋지 않은 연장으로, 누구나 그것을 싫어하는 것이다. 진정한 도를 터득한 사람은 무기를 사용하는 일 같은 것에는 마음을 두지 않는다.
　그러므로 평상시에는 군자가 앉는 왼쪽 자리를 귀히 여겨 상석으로 하지만, 어쩔 수 없이 군사를 일으켜 전쟁을 할 때면 오른쪽 자리를 상석으로 하는 것을 예의로 한다. 무기는 불길한 것으로 군자가 사용하는 연장이 아니다. 군자는 어쩔 수 없이 무기를 사용할 때도 욕심 없이 담담한 것을 제일로 삼아 적국을 평정하여 민심을 안정시키고, 승리를 거두어도 좋아하지 않는다.

승리를 해도 별로 명예롭지 않은데, 하물며 승리를 찬미하는 사람은 살인을 즐기는 사람이고 볼 수밖에 없다. 무릇 살인을 즐기는 사람은 세상을 얻고자 하는 뜻을 이룰 수 없다.

좋은 일에는 왼쪽 자리를 상석으로 하고, 흉한 일에는 오른쪽 자리를 상석으로 하는 것이 예부터의 예법이다. 따라서 직접 병사를 지휘하는 부장군은 왼쪽의 상석에 자리하고, 전군을 통솔하는 대장군은 오른쪽에 자리한다. 이는 흉사의 예에 따라 그렇게 하는 것이니, 전쟁을 흉사인 장례로 보았다고 할 수 있다.

전쟁을 함으로써 많은 사람이 죽게 되고, 많은 사람이 죽기 때문에 슬픈 마음으로 예도를 해야 하며, 전쟁에 임하여 승리를 할지라도 좋아하지 말고, 장례식과 같이 예의를 지켜나가야 하는 것이다.

31장에서도 역시 전쟁을 비판하는 내용인데, 전쟁에 사용하는 무기는 인간의 목숨을 앗아가는 불길한 흉기라고 규탄했다.

제32장
도는 항상 이름이 없고, 박은 비록 작아도

道常無名 樸雖小 天下莫能臣也 侯王若能守之 萬物
도상무명　박수소　천하막능신야　후왕약능수지　만물

將自賓 天地相合 以降甘露 民莫之令而自均 始制有名
장자빈　천지상합　이강감로　민막지령이자균　시제유명

名亦旣有 夫亦將知止 知止可以不殆 譬道之在天下
명역기유　부역장지지　지지가이불태　비도지재천하

猶川谷之於江海
유천곡지어강해

　　도는 항상 이름이 없고, 박은 비록 작아도 천하가 능히 신하
로 하지 못한다. 후왕들이 만일 잘 지킨다면, 만물이 장차 스스
로 경복하게 된다. 천지가 서로 화합함으로써 단 이슬이 내리
고, 백성은 시키지 않아도 스스로 균등하다. 만들어져 비로소
이름이 있으니, 이름 또한 이미 있으면 그만둘 줄을 안다. 그만
둘 줄을 아는 것으로 위태롭지 않은 것이다. 비유하면 도가 천
하에 있는 것은, 내와 골짜기가 강과 바다에 대하는 것과 같다.

*불감신(不敢臣) : 감히 신하로 부릴 수 없다.
*빈(賓) : 존경하여 복종하거나 감복함.
*시제유명(始制有名) : 만들어져서 처음으로 이름을 갖다.
*지지(知止) : 분수를 알아 멈추다.

[大意]

　도는 근본적으로 변하지 않으며 이름이 없다. 도는 손대지 않은 본바탕 그대로의 통나무이고, 그것이 아무리 작다고 하더라도 천하의 그 누구도 신하처럼 함부로 하지 못한다. 그렇게 바탕을 그대로 살려두는 것이 본래의 바탕 그대로의 도이다. 따라서 만약에 나라를 다스리는 군왕이 백성들을 자연스럽게 포용하여 이러한 도를 따라 잘 지킬 수 있다면, 만물은 장차 저절로 그를 경복하게 될 것이다. 그러면 나라에는 하늘과 땅이 서로 화합하여 단비를 내려 만물을 생육하게 하고, 백성들은 누가 시키지 않아도 자연히 평등하게 잘 다스려질 것이다.

　통나무가 잘리고 쪼개져 많은 도구들이 생겨나듯 분별할 수 있는 이름들이 생겨나면, 이름을 가진 것의 한계를 알게 된다. 그러므로 변하는 이름에 휩쓸리지 않고, 변함없는 도에 머물러 있으면 위태로울 것이 없다.

　때문에 도가 세상을 다스리는 것은, 만물이 도에서 시작해서 도로 되돌아가는 것처럼, 마치 산골짜기의 개울물이 시내가 되어 자연히 강과 바다로 흘러 들어가는 것과 같다고 할 수 있다.

32장에서는, 도는 이름이 없는 것으로 이름을 붙이지 못하는 잡을 수 없는 것이라는 것과, 무위자연 그대로의 순박한 통나무의 소질에 비유했다.

통나무가 여러 가지 이름을 갖는 그릇이 되는 것과 같이, 근본적인 도가 인간의 인위적인 행위에 의하여 쪼개지게 되면 거기에는 이미 지적인 인식의 세계가 성립되어 이름을 갖는 개별의 세계가 전개되고, 차별과 대립의 양상이 성립되게 된다.

이러한 도의 근본을 깊이 통찰하여 상대적이며 한계성을 가진 모든 개체를 제각기 있어야 할 자리에 있게 하는 것이 위대한 지도자로서의 무위의 성인이고, 그러한 무위의 성인이 다스리는 세상에 참된 평화가 실현될 수 있는 것이다.

무위자연이며 영구불변인 도의 실체를 깨달아서 얻고, 그것을 응용할 줄 아는 한계를 알며, 또 그 응용하는 한계를 분별하여 머물 줄 알게 되면, 그것이 곧 도를 터득한 성인이라고 결론짓고 있다.

제33장
사람을 아는 사람은 지혜롭고, 스스로 아는 사람은

知人者智 自知者明 勝人者有力 自勝者强 知足者富
지 인 자 지   자 지 자 명   승 인 자 유 력   자 승 자 강   지 족 자 부

强行者有志 不失其所者久 死而不亡者壽
강 행 자 유 지   부 실 기 소 자 구   사 이 불 망 자 수

   사람을 아는 사람은 지혜롭고, 스스로 아는 사람은 현명하다. 사람을 이기는 사람은 힘이 있고, 스스로 이기는 사람은 강하다. 만족을 아는 사람은 부하고, 힘써 행하는 사람은 뜻이 있다. 그곳을 잃지 않는 사람은 변하지 않고, 죽어도 잊히지 않는 사람은 오래 산다.

[語釋]
*자지자(自知者) : 스스로의 분수를 아는 사람.
*자승자(自勝者) : 스스로의 욕심이나 감정 등을 이기는 사람.
*부실기소자(不失其所者) : 스스로의 자리를 알아서 자신의 분수를 지키는 사람.

*사이불망(死而不亡) : 죽어도 잃지 않음.

[大意]

남을 잘 아는 사람은 지혜로운 사람이고, 스스로를 아는 사람은 현명한 사람이다. 남을 이기는 사람은 힘 있는 사람이고, 스스로를 이기는 사람은 굳센 사람이다.

분수를 알아 현재의 생활에 넉넉함을 아는 사람은 부유한 사람이고, 자연의 도를 힘써 터득하는 사람은 뜻이 있는 사람이다. 스스로의 분수를 알아 지키면 잃지 않고 오래 사는 것이고, 그 지위를 오래 지속하고 죽어도 잊히지 않는 사람은 영원토록 사는 것이다.

노자는 33장에서 인간의 참다운 지혜(智慧)와 참다운 부(富), 또 참다운 용기와 영원한 생명에 대해서 말했다.

세상 사람들의 눈은 항상 밖으로 향해 있다. 그들은 끊임없이 대상을 문제 삼고 물질의 외형에 눈을 팔고 있다. 다른 사람들의 시비선악(是非善惡)과, 현우미추(賢愚美醜)를 따져서 품위를 정하는 것을 지혜롭고 현명하다고 한다. 또한 힘이나 재력, 지력 같은 것으로 굴복시키고 지배하는 사람을 굳세고 유력하다고 한다.

노자는 그들에게 밖으로 향한 눈을 안으로 돌려서 자신을 성찰하는 시선을 가지라고 가르쳤다. 자기 자신을 바라보는 시선은 자기 존재의 근원에서 도를 발견하는 성찰이며, 도를 터득함에 따라 자신의 모든 것을 이해하여 나가는 시각이다.

인간은 도를 깨달아 가면서 자신과 세상 만물을 이해하게 될 때에 참다운 슬기가 어떤 것이며, 참다운 힘이 어떤 것인가를 알게 된다. 뿐만 아니라 참다운 만족이 어떤 것이며, 영원한 생명이 어떤 것인가도 알게 된다.

노자는 이 장에서 도를 터득하는 한 사람의 이러한 마음과 가치관에 대해서 간결하게 가르치고 있다.

제34장
대도는 범람해도 그것을 좌우할 수 있고

大道氾兮 其可左右 萬物恃之而生 而不辭 功成不名有
대도범혜 기가좌우 만물시지이생 이불사 공성불명유

衣養萬物而不爲主 常無欲 可名於小 萬物歸焉而不
의양만물이불위주 상무욕 가명어소 만물귀언이불

爲主 可名爲大 以其終不自爲大 故能成其大
위주 가명위대 이기종불자위대 고능성기대

대도는 범람해도 그것을 좌우할 수 있고, 만물이 의지하여 생겨도 사양하지 않으며, 공을 이루어도 이름을 두지 않는다. 만물을 의지하게 하고 길러도 주인이 되지 않는다. 항상 욕심이 없어 가히 작다고 이를 수 있다. 만물이 돌아와도 주인이 되지 않으니, 가히 일러서 크다고 할 수 있다. 끝내 스스로 크다 하지 않으므로 능히 그 큰 것을 이룬다.

[語釋]
*대도범혜(大道氾兮) : 커다란 도는 넘쳐흐른다는 말.

*불사(不辭) : 사양하지 않음.

*이불위주(而不而主) : 주인이 되지 않음. 지배자가 되지 않음.

*종불자위대(終不者爲大) : 끝내 크다고 하지 않음.

[大意]

　대도는 넘치는 물처럼 한 곳에 있지 않고 좌우 어느 곳으로나 자유자재로 흐른다. 만물은 도에 의지하여 생겨나지만, 도는 그것을 싫다고 하지 않고 사양하지 않는다. 만물을 이루어 낸 공이 있지만 그 공을 자신의 것으로 하지 않으며, 만물을 감싸고 기르면서도 주인이라는 생각을 하지 않는다.

　도는 항상 욕심이 없고 아무 것도 갖지 않으므로 작다고도 할 수 있지만, 세상의 만물이 끝내 다시 도의 품에 돌아와 안기어도 주인이라고 하지 않는 커다란 도량이 있으므로 크다고도 할 수 있다. 도는 이처럼 자신을 스스로 크다고 생각하지 않기 때문에 참으로 큰 것이 될 수 있는 것이다.

　34장에서는, 도는 크고 넓다는 것과 대자연의 위대함, 그리고 이것을 터득한 성인에 대해 말했다.

　다시 말하면, 도는 고정된 가치관이나 지배의식을 갖지 않고, 무위자연이며 무지무욕이고, 그침이 없이 만물을 생성화육해서 조화와 창조를 이루어 나간다는 것에 대해 설명하고 있다.

제35장

대상을 잡아 천하에 가면 가도 해롭지 않아

執大象 天下往 往而不害 安平太 樂與餌 過客止道之

집 대 상 천 하 왕 왕 이 불 해 안 평 태 낙 여 이 과 객 지 도 지

出口 淡乎其無味 視之不足見 聽之不足聞 用之不足旣

출 구 담 호 기 무 미 시 지 불 족 견 청 지 부 족 문 용 지 부 족 기

   대상을 잡아 천하에 가면 가도 해롭지 않아 편안하고 평화롭고 태평하다. 음악과 먹을거리에는 지나는 객이 멈춰도, 도가 입으로 나오는 것은 담담하여 그 맛이 없다. 보아도 족하게 보지 못하고, 써도 가히 다하지 못한다.

[語釋]

*대상(大象) : 커서 보이지 않는 형체.

*담호기무미(淡乎其無味) : 담박하여 맛이 없다.

*불가기(不可旣) : 기는 진(盡)과 같은 뜻이므로, 다 쓸 수는 없다는 말.

[大意]

도라는 커다란 형상에 의지하여 세상을 살면, 세상 어디에 가서도 장해가 없어 항상 마음이 편안하고 화평하고 태평하다.

즐거운 음악과 맛있는 음식이 있으면 지나가던 나그네도 걸음을 멈춘다. 그와는 반대로 무위의 도는 그것을 입 밖으로 내면 담담하여 세속적인 맛이 없다. 눈으로 보아도 볼 수가 없고, 귀로 들어도 들을 수가 없지만, 그것은 아무리 써도 끝이 없이 무한한 것이다.

35장에서 노자는 아득하고 먼 도를 담담하고 무미한 것으로 표현했다. 노자에게 있어서 현(玄)이란 본질적이고, 담박한 것을 의미한다. 이 장에서 노자는 현지우현(玄之又玄)한 도를 담호기무미(淡乎其無味)한 것으로 표현하고, 현주는 다시 물에 비유했다.

음악은 인간의 마음을 즐겁게 하고 위로하는 것이지만, 아무리 좋은 곡이라도 그것을 거듭해서 되풀이하면 단순한 소음에 지나지 않는다. 그리고 아무리 맛있는 음식이라도 억지로 먹게 되면 구역질을 하게 된다. 하나같이 차고 넘치는 것은 연속성을 갖지 못하고, 단순한 것, 담담한 것, 순수한 것. 연약한 것이 연속성을 갖는다.

노자는 현(玄)의 단순함을 사랑하고 현주(玄酒)의 담담한 맛 없는 맛을 사랑했다. 그리고 인간의 이목이 눈과 귀를 자극하는 것, 흥청거리면서 번잡스러운 것을 즐기지 않았으며, 겉치

레나 일시적인 인기 등의 모든 인위적인 것은 싫어했다. 어디까지나 자신과 이 세상을 맺어주는 유구한 것. 영원한 것, 본질적인 것을 찾았다. 그래서 그가 찾아낸 진리는 모든 허례와 허식을 버리고 있는 그대로 행동하며, 무위자연의 순리대로 그저 평범하게 살아가는 것이다.

노자는 당연한 일을 당연하게 행하는 무리 없는 태도, 즉 생활 속에서 평범 속의 비범을 가르치는 위대한 철인이었다고 할 수 있다.

제36장
장차 움츠리고자 하면 반드시 펴야 하고

將欲歙之 必固張之 將欲弱之 必固强之 將欲廢之
장욕흡지 필고장지 장욕약지 필고강지 장욕폐지

必固興之 將欲奪之 必固與之 是謂微明 柔弱勝剛强
필고흥지 장욕탈지 필고여지 시위미명 유약승강강

魚不可脫於淵 國之利器 不可以示人
어불가탈어연 국지이기 불가이시인

　　장차 움츠리고자 하면 반드시 펴야 하고, 장차 약하고자 하면 반드시 강해야 한다. 장차 폐하고자 하면 반드시 흥해야 하고, 장차 빼앗고자 하면 반드시 내줘야 한다. 이를 미명이라 한다. 부드럽고 약한 것은 굳세고 강한 것을 이긴다. 물고기는 못에서 벗어나지 못하고, 나라의 이기는 남에게 보일 수 없다.

[語釋]

*흡지(歙之) : 움츠리다. 줄이다.

*고장지(固張之) : 잠시 벌려 놓다.

*미명(微明) : 미묘하고 밝음.
*국지이기(國之利器) : 나라를 잘 다스리는 지혜.

[大意]

　나라를 다스림에 있어서는 심리적인 역학관계를 잘 살펴야 할 필요가 있다.

　장차 어떤 것을 끌어서 얻으려면 잠시 그것을 펴서 벌려 놓아야 한다. 그러나 무리하게 벌리면 반드시 자연스레 움츠러들게 된다.

　장차 어떤 것을 약하게 하려면 잠시 그것을 강하게 내버려둔다. 강한 것이 넘쳐서 무리하면 반드시 파탄이 일어나서 약해지기 마련이다.

　장차 어떤 것을 없애버릴 생각이라면 잠시 그것을 풍성하게 해 준다. 그것이 넘쳐서 무리가 생기면 폐망하게 된다.

　장차 어떤 것을 빼앗을 생각이라면 반드시 먼저 베푼다. 가지고 있다가 지나치면 유지하기가 힘들어 지기 때문이다.

　이것을 잘 터득한 것을 말로는 표현할 수 없는 미묘한 성찰이라고 한다. 약하고 부드러운 모든 것은 굳세고 강한 모든 것을 이기게 된다.

　물고기가 연못 밖으로 나와 물을 잃게 되면 살 수 없듯이, 나라를 다스리는 데 필요한 그릇, 즉 심오한 지혜는 조심스럽게 상대에게 접근하여 유연하게 대처해야 하고, 남에게 과시하는 것이 되어서는 안 된다.

　태풍의 전야에는 반드시 파도가 잠잠하고, 전진을 앞둔 군사는 휴식을 위한 후퇴를 할 수 있으며, 도약을 하려면 정체(停滯)가, 긴장을 하기 전에는 이완이 따른다. 따라서 전진과 후퇴는 서로 뒤바뀌고, 도약과 정체는 서로 밀접한 것이다.

　36장은 성인이 무위자연의 이치를 활용해서 나라를 다스리는데 알아야 할 구체적인 정치외교의 묘책을 쉽게 드러내서는 안 된다고 설명했다.

제37장
도는 떳떳해서 무위로서 못할 것이 없다

道常無爲 而無不爲 侯王若能守之 萬物將自化 化而
도 상 무 위　이 무 불 위　후 왕 약 능 수 지　만 물 장 자 화　화 이

欲作 吾將鎭之 以無名之樸 無名之樸 夫亦將無欲
욕 작　오 장 진 지　이 무 명 지 박　무 명 지 박　부 역 장 무 욕

不欲以靜 天下將自定
불 욕 이 정　천 하 장 자 정

　도는 떳떳해서 무위로서 못할 것이 없다. 후왕이 만일 능히
지켜나간다면, 만물은 장차 스스로 화한다. 화하여 욕심이 일
어나면 나는 장차 눌러 가라앉히기를 이름이 없는 박으로 하리
라. 이름 없는 박은 또한 장차 욕심이 없다. 욕심내지 않고 맑
은 것으로 천하는 장차 스스로 안정된다.

[語釋]

*도상(道常) : 변하지 않는 도의 모습.

*자화(自化) : 스스로 변화하여 생성됨.

*욕작(欲作) : 하려는 욕심이 생기다.

*진지(鎭之) : 눌러 가라앉힘.

*무명지박(無名之樸) : 표현할 수 없는 도의 순박함.

*자정(自定) : 스스로 바르게 됨.

[大意]

도는 본래 아무 것도 하는 것이 없지만, 하지 않는 것도 없이 무엇이든 자연스럽게 이룬다.

만일 군주가 세상을 다스림에 있어서 자연의 도를 따라 지켜 나간다면, 만물은 저절로 변화하고 생성하여 발전해 나갈 것이다. 이렇게 저절로 변화하고 생성하여 발전하는 것을 만물에 맡기지 않고 인위적으로 만들려고 한다면, 나는 그렇게 되지 않도록 순박한 자연의 도로 진정시킬 것이다.

순박한 자연의 도는 욕심을 내지 않는다. 욕심을 부리지 않으니 고요하여 맑아지고, 그렇게 욕심이 없어 고요하고 맑아지면 세상은 저절로 안정되게 된다.

노자도덕경의 상편 마지막 37장에서는, 32장에서처럼 순박한 무위자연의 도, 즉 박(樸)을 지켜나감으로써 천하를 다스려 나가는 것을 찬양했다. 논하고자 하는 취지나 용어도 32장과 공통점이 많은데, 사상(思想)면에서는 특이할 만 한 주장은 없다. 단지 후세에 노자가 주장하는 무위이무불위(無爲而無不爲)라는 말이 주목된다.

노자의 무위이무불위는 천지 대자연의 조화를 설명하는 말인데, 천지 대자연의 조화는 인위적인 욕심으로 무엇인가를 이루려는 인간들의 욕망을 일깨우는 말이다.

인위적인 것을 모두 부정하고, 도 즉 무위자연의 근본에서 자신의 본래 모습을 바라볼 수 있을 때, 있는 그대로의 세상에서 볼 수 있는 안목을 가질 수가 있다.

그렇게 되면 인간은 도와 하나가 되는 것이며, 도의 무위가 그대로 자신의 무위로 되면서 도의 무위 또한 그대로 자신의 무위가 되는 것이다. 결국 도와 하나가 된 인간, 즉 무위의 성인은 인위적인 것을 부정하는 무위에 의하여 도와 하나가 되고, 도와 하나가 될 때에 도의 무불위를 자신의 무불위로 하여 할 수 있는 것이다.

노자가 말한 도의 무위는 단순한 무위가 아니라 '하는 일이 없는' 무위이며, 성인의 무위 또한 단순한 무위가 아니라 '하는 일이 없는' 무위라는 생각에서 우리들은 노자 사상의 유연함과 강인함에 주목할 필요가 있다. 노자의 무위는 논리적으로 위(爲)에서 무위(無爲)로, 또 무위에서 무불위(無不爲)로 전개되고, 무불위는 위를 부정함으로서의 무위에서 나온다.

실제적으로 노자의 사고를 더듬어 보면 무위는 아무 일도 하지 않는 위대함에서 출발하여 그 무위에 근거하고, 그 무위를 다시 성인의 무위로 일체화하여 성인의 무불위로 귀결되는 것이다.

천지조화의 무불위에서 도의 무위로, 그 무위를 자신과 하나로 하는 성인의 무위에서 다시 성인의 무불위로 전개하는 것이 노자사상의 표현이며 구체적인 모습이라고 할 수 있다.

하편(下篇)

덕경(德經)

제38장
상덕은 덕이라 하지 않으니, 이것으로 덕이 있다

上德不德 是以有德 下德不失德 是以無德 上德無爲
상덕부덕 시이유덕 하덕불실덕 시이무덕 상덕무위

而無以爲 下德爲之而有以爲 上仁爲之而有以爲 上義
이무이위 하덕위지이유이위 상인위지이유이위 상의

爲之而有以爲 上禮爲之而莫之應 則攘臂而仍之
위지이유이위 상례위지이막지응 즉양비이잉지

故失道而後德 失德而後仁 失仁而後義 失義而後禮
고실도이후덕 실덕이후인 실인이후의 실의이후례

夫禮者 忠信之薄 而亂之首 前識者 道之華 而愚之始
부례자 충신지박 이란지수 전식자 도지화 이우지시

是以大丈夫 處其厚 不居其薄 處其實 不居其華
시이대장부 처기후 불거기박 처기실 불거기화

故去彼取此
고거피취차

상덕은 덕이라 하지 않으니, 이것으로 덕이 있다. 하덕은 덕을 잃지 않으려 하니, 이것으로 덕이 없다. 상덕은 무위이니 그로써 하는 것이 없고, 하덕은 하려고 하니 그로써 하는 것이 있다. 상인은 해도 그로써 하는 것이 없고, 상의는 하려고 해서 그로써 하는 것이 있다. 상례는 하려고 해도 응하지 않으면 팔을 걷고 나아간다. 그러므로 도를 잃은 뒤에 덕이 있고, 덕을 잃은 뒤에 인이 있으며, 인을 잃은 뒤에 의가 있고, 의를 잃은 뒤에 예가 있으니, 대저 예라는 것은 충신이 박해진 것으로 어지러움의 머리요, 전식은 도의 화로 어리석음의 시작이다. 이로써 대장부는 그 후한 데 처하고, 그 박한 데 있지 않으며, 그 실에 처하고, 그 화에 처하지 않는다. 그러므로 저것을 버리고 이것을 취한다.

[語釋]

*부실덕(不失德) : 덕을 잃지 않으려고 함.

*무이위(無以爲) : 작위적으로 하려고 하지 않음.

*양비이잉지(攘臂而仍之) : 팔을 걷고 따르게 한다는 뜻.

*난지수(亂之首) : 어지럽게 되는 시초.

*전식(前識) : 먼저 깨달음.

*화(華) : 꽃. 여기서는 실(實)의 반대 의미로, 겉모양을 뜻함.

*거피취차(去彼取此) : 저것을 버리고 이것을 취한다는 뜻, 여기에서는 예(禮)와 지혜(智慧)를 버리고 충신(忠信)과 도(道)를 취한다는 말.

[大意]

덕(德)이 뛰어난 사람은 자랑하지 않는다. 이미 덕을 가지고 있기 때문이다. 덕이 적은 사람은 덕을 잃지 않으려고 애를 쓴다. 너무 덕이 없어서이다.

높은 덕은 덕을 의식하지 않으므로 덕이 있는 것이고, 낮은 덕은 덕에 얽매이기 때문에 덕이 없다. 높은 덕은 무위이므로 자연스럽게 이루어지고, 낮은 덕은 인위적이고 의식적이므로 그렇지 못하다.

뛰어나게 어진 것은 유위이며 의식적이지 않아서 자연스럽고, 뛰어나게 정의로운 것은 정의를 행함에 있어서 고의적으로 하지 않으며, 예의에 뛰어난 것은 예의를 지켰음에도 그 예에 반응이 없으면 팔을 걷어붙이고 예로 이끈다. 그래서 무위자연의 도가 사라지면, 무위자연의 덕이 생겨나고, 무위자연의 덕을 잃으면 인(仁)이 생겨나게 되고, 인이 사라지면 의(義)가 생겨나고, 의를 잃으면 예(禮)가 생겨나게 된다.

대저 예의라는 질서의 법규는 인간의 참된 마음이 엷어져서 생긴 것이며, 세상이 어지럽게 되는 시초가 되는 것이다. 또 세상의 일을 미리 내다보는 지혜라는 것도 알맹이 없는 도의 겉치레와 같은 것이고, 세상을 어리석고 못나게 만드는 시초인 것이다.

이러한 까닭으로 참된 사람은 도라는 돈후(敦厚)한 곳에 머물고, 가볍고 얄팍한 예의가 있는 곳에 머물지 않으며, 도라는 열매가 있는 곳에 머물고, 지식과 같은 허망하고 화려한 꽃을 피우지 않는다. 그러므로 저쪽의 예의와 지혜를 버리고, 이쪽의 근본적인 도덕을 택하는 것이다.

도덕경의 하편 덕경의 첫장 38장에서는 덕, 곧 도를 터득한 모습이 어떤 것인가에 대해 설명했다.

여기에서 노자가 말하는 덕이란 어떠한 것인가? 덕의 본뜻은 득(得)이며, 덕은 인간이 도를 얻었다거나, 또는 인간에 의해서 얻어진 도를 일컫는 말이다. 도라는 말이 유가와 도가에서 그 내용을 달리하는 이상, 덕이라는 말도 유가와 도가가 그 내용을 달리한다.

유가에서 말하는 도는 구체적으로 군자의 도, 인륜의 도, 인의예지(仁義禮智)의 도로써 요컨대 인간에 의한 도, 인간이 세운 규범이라고 말한다. 반면 도가의 도는 인간을 초월한 것, 인간이 세운 규범을 작위적인 것으로 비판하는 도라고 할 수 없는 도, 영구불변인 무위자연의 근본적인 진리라고 말한다.

따라서 유가의 덕은 인륜의 도, 혹은 인의예지의 도리를 터득한 군자가 되기 위한 것으로 군자가 된 인간의 모습을 덕이라 한다. 이에 대하여, 도가의 덕은 인간을 포함한 세상 만물의 근원인 진리, 즉 무위자연의 도에 눈을 뜨고, 그 도를 그대로 따르면서 무위자연 그 자체가 되는 것으로, 무위자연이 된 포박(抱樸) 그대로의 인간 모습을 덕이라 한다.

유가에서 말하는 덕과 도가에서 말하는 덕과의 차이를 살펴

보면, 인간에게 직면한 인간의 모습을 생각할 것인가, 아니면 인간을 초월한 인간의 모습을 생각할 것인가의 차이이며, 작위적인 것에 의한 유위(有爲)의 입장인가, 아니면 작위적인 것을 버린 무위의 입장인가의 차이라고 할 수 있다.

제39장
예부터 하나인 도를 얻음으로, 하늘이 하나를 얻어

昔之得一者 天得一以淸 地得一以寧 神得一以靈

석 지 득 일 자　천 득 일 이 청　지 득 일 이 녕　신 득 일 이 령

谷得一以盈 萬物得一以生 侯王得一以爲天下貞

곡 득 일 이 영　만 물 득 일 이 생　후 왕 득 일 이 위 천 하 정

其致之一也 天無以淸 將恐裂 地無以寧 將恐發 神無以靈

기 치 지 일 야　천 무 이 청　장 공 렬　지 무 이 녕　장 공 발　신 무 이 령

將恐歇 谷無以盈 將恐竭 萬物無以生 將恐滅 侯王

장 공 헐　곡 무 이 영　장 공 갈　만 물 무 이 생　장 공 멸　후 왕

無以貴高 將恐蹶 故貴以賤爲本 高以下爲基 是以後王

무 이 귀 고　장 공 궐　고 귀 이 천 위 본　고 이 하 위 기　시 이 후 왕

自謂孤寡不穀 此非以賤爲本邪 非乎 故致數譽無譽

자 위 고 과 불 곡　차 비 이 천 위 본 사　비 호　고 치 수 예 무 예

不欲琭琭如玉 珞珞如石

불 욕 록 록 여 옥　낙 락 여 석

예부터 하나인 도를 얻음으로, 하늘이 하나를 얻어 맑고, 땅

은 하나를 얻어 평안하며, 신은 하나를 얻어 신령하고, 골짜기는 하나를 얻어 가득 차며, 만물은 하나를 얻어 생겨나고, 후왕은 하나를 얻어 천하의 바른 것이 되었으니, 그것을 만든 것이 바로 그 하나였다. 하늘이 하나를 얻어 맑지 못하면 장차 깨어질까 두려울 것이고, 땅이 하나를 얻어 평안하지 못하면 아마 갈라질까 두울 것이며, 신이 하나를 얻어 신령하지 못하면 장차 그칠까 두려울 것이고, 골짜기가 하나를 얻어 가득 차지 못하면 장차 마를까 두려울 것이며, 만물이 하나를 얻어 생겨나지 않으면 장차 멸망할까 두려울 것이고, 후왕이 하나를 얻어 귀하고 높지 못하면 장차 기울어져 다할까 두려울 것이다. 그러므로 귀한 것은 천한 것을 근본으로 하고, 높은 것은 낮은 것을 바탕으로 삼는다. 이것으로 후왕들은 스스로 고독하거나 부족하거나 복이 없다고 하는데, 이것이 바로 천한 것을 근본으로 한다는 것이다. 그러므로 자주 명예를 바라게 되면 도리어 명예가 없어지게 된다. 찬란하게 빛나는 옥과 같이 되기를 바라지 말고, 대굴대굴 구르는 돌처럼 될 따름이다.

[語釋]
*득일(得一) : 일은 도를 뜻하니, 도(道)를 얻는다는 말.
*천하정(天下正) : 천하의 법도.
*발(發) : 여기에서는 폐(廢)와 같은 뜻. 무너지다. 부서지다의 뜻.
*헐(歇) : 없어지다. 비다. 마르다.

*갈(竭) : 물이 마르다.

*궐(蹶) : 넘어지다. 엎어지다. 기울어 다하다.

*고과불곡(孤寡不穀) : 세 글자가 모두 임금이 자신을 낮추어 부르는 말로, 고는 외로운 사람, 과는 덕이 적은 사람, 불곡은 복록이 없는 사람의 뜻.

[大意]

　예부터 하나인 도를 터득하여 얻은 것이 있으니, 하늘이 그 하나를 얻어서 맑고, 땅이 그 하나를 얻음으로 평안하며, 신은 그 하나를 얻음으로 신령하고, 골짜기는 그 하나를 얻어서 넘쳐흐르며, 만물은 그 하나를 얻어서 생겨나서 번성하고, 제후나 왕은 그 하나를 얻어서 법도로 하여 세상을 다스리는 것이다. 이 모든 것이 다 그 하나인 도가 이루어 내는 것이다.

　하늘이 하나인 도를 터득하여 맑지 못하면 장차는 깨어질 것이고, 땅이 하나인 도를 터득하여 평안하지 못하다면 장차 갈라질 것이며, 신이 하나인 도를 터득하여 영험하지 못하다면 장차 신의 기능이 끝날 것이고, 골짜기가 하나인 도를 터득하여 가득 채우지 못하다면 장차 세상이 메마를 것이다.

　만물이 하나인 도를 터득하여 생겨나서 번성하지 못한다면 장차 멸종하여 망하게 될 것이고, 만일 임금이 하나인 도를 터득하여 바르게 다스리지 못하고 높은 것만을 귀하게 여긴다면, 아마도 그 나라는 장차 파멸하여 망하게 될 것이다.

그러므로 귀한 것은 천한 것을 근본으로 하여 그 위에 자리하고, 높은 것은 낮은 것을 밑바탕으로 하여 그 윗자리에 서는 것이 도리다.

그렇기 때문에 군주는 스스로 외롭다, 덕이 부족하다, 복이 없다고 하는 것이다. 이것이 바로 천한 것을 근본으로 삼는다는 것이 아니겠는가. 그러므로 칭송 받는 명예를 바라게 되면 도리어 그 명예는 없어지게 되고 마는 것이니, 찬란하게 빛나는 옥같이 되기를 바라지 말고 대굴대굴 구르는 돌처럼 되라는 것이다.

39장에서는 하나인 도를 터득하여 얻은 사람과, 상덕(上德)을 지닌 사람의 모습에 대하여 설명하고, 그것의 중심을 다시 아래로 내려서 천하고 낮은 것을 근본으로 삼는 처세에 대해서 설명했다.

현대 사회의 불행은 계층 간의 불화, 국가 간의 끊임없는 투쟁, 그것들로 인한 고뇌와 혼란이 계속되는 것이다. 그러나 노자는 그러한 것에 구애됨이 없이 그 모든 것의 근본인 도와 하나가 되면, 그러한 불행이나 파탄은 구제된다고 생각했으며, 인간이라는 존재의 근원에 서지 않으면 구제될 수 없다고 생각했다.

제40장
되돌림이 도의 운동이고, 유약함이 도의 작용이다

反者 道之動 弱者 道之用 天下萬物生於有 有生於無
반자 도지동 약자 도지용 천하만물생어유 유생어무

되돌림이 도의 운동이고, 유약함이 도의 작용이다. 천하의
만물은 유에서 생겨나고, 유는 무에서 생겨난다.

[語釋]
*반자(反者) : 되돌리는 것.
*도지용(道之用) : 도의 작용.
*생어유(生於有) : 유에서 생겨나다.
*생어무(生於無) : 무에서 생겨나다.

[大意]
모든 운동은 어떤 반동(反動)에 의하여 저절로 조정되게 되
어 있으며, 그 반동이 도의 운동이다. 그리고 강한 것의 한계를
가리키는 유약한 것은 도의 작용이다. 즉 근본으로 되돌아가는

것이 도의 움직임이고, 부드럽고 약한 것은 도의 작용이다.

세상의 만물은 천지음양의 기운인 유(有)에서 생겨나고, 유는 도라고 하는 형체가 없는 무형의 것에서 생겨나는 것이다.

40장에서는 노자 철학의 근본을 이루는 도와, 그 속에 함축된 강건함과 유약함, 또 있는 것과 없는 것에 대해 설명했다. 여기에서의 강건함은 세속적인 것으로써 사실은 유약함이고, 세속적인 것으로써의 유약함은 실질적으로써의 강건함이다.

제41장
상사는 도를 들으면 힘써 행하고

上士聞道 勤而行之 中士聞道 若存若亡 下士聞道
상사문도　근이행지　중사문도　약존약망　하사문도

大笑之 不笑 不足以爲道 故建言有之 明道若昧 進道
대소지　불소　부족이위도　고건언유지　명도약매　진도

若退 夷道若纇 上德若谷 太白若辱 廣德若不足 建德
약퇴　이도약뢰　상덕약곡　태백약욕　광덕약부족　건덕

若偸 質眞若渝 大方無隅 大器晚成 大音希聲 大象
약투　질진약투　대방무우　대기만성　대음희성　대상

無形 道隱無名 夫唯道 善貸且成
무형　도은무명　부유도　선대차성

상사는 도를 들으면 힘써 행하고, 중사는 도를 들으면 있는 것도 같고 없는 것도 같으며, 하사는 도를 들으면 크게 웃어버리므로, 웃지 않으면 족히 도라 하지 못한다. 건언에 있는데, 밝은 도는 어두운 것 같고, 나아가는 도는 물러나는 것 같고, 편한 도는 얽매이는 것 같다. 상덕은 골짜기 같고, 너무 희면 더러운 것 같으며, 넓은 덕은 부족한 것 같다. 건덕은 구차한 것 같고, 질진은 변하는 것 같으며, 크게 모가 나면 구석이 없다. 큰 그릇은 늦게 만들어지고, 큰 소리는 희미하며, 큰 모양은 형태가 없고, 도는 숨어 있어서 이름이 없다. 대저 도는 잘 주고, 또 이룬다.

[語釋]
*상사(上士) : 학덕이 높은 선비.

*약존약망(若存若亡) : 존재가 있는 것 같기도 하고 없는 것 같음.

*대소지(大笑之) : 크게 웃음.

*건언(建言) : 격언. 옛날의 훌륭한 말.

*이도약뢰(夷道若纇) : 평안한 도는 도리어 고르지 못한 것 같다.

*건덕약투(建德若偷) : 튼튼한 덕은 얄팍함과 같다.

*질진약투(質眞若渝) : 소박하고 진실함은 달라지는 것과 같다.

*대방무우(大方無隅) : 크게 모가 나면 구석이 없음.

*대음희성(大音希聲) : 아주 큰 소리는 아주 작은 소리와 같아서 잘 들리지 않는다.

*도은무명(道隱無名) : 도는 은미하여 이름을 붙일 수 없음.

*선대차성(善貸且成) : 잘 베풀어서 또한 이루어짐.

[大意]
　뛰어난 선비는 도를 들어 앎으로써 부지런히 그것을 실천하

고, 어느 정도 뛰어난 선비는 도를 들어 앎으로써 별로 관심이 없는 태도를 취하며, 보잘 것 없는 선비는 도를 들어 앎으로써 같잖다는 듯이 크게 웃어넘긴다. 그러므로 웃음을 살 정도가 아니면 참다운 도라고 말할 수 없는 것이다.

도를 훌륭한 격언에 비유해 말한다면 이런 것들이 있다. 참으로 밝은 도는 얼핏 보기에는 어두운 것 같고, 앞으로 나아가는 도는 얼핏 보기에 뒤로 물러나는 것 같으며, 평탄한 도는 얼핏 보기에 울퉁불퉁해서 순탄하지 않게 보인다.

뛰어난 덕은 얼핏 보면 텅 비어 있는 골짜기처럼 보이고, 진실로 희고 깨끗한 덕은 얼핏 보기에 때가 묻은 것처럼 보이며, 참으로 넓고 큰 덕은 얼핏 보기에 부족한 것처럼 보인다. 확립된 덕은 얼핏 보기에 가냘프고 엷게 보이고, 진실한 덕은 얼핏 보기에 변덕스러울 것처럼 보인다.

크게 모가 난 것은 구석이 없으며, 큰 그릇은 늦게 만들어지고, 아주 큰 소리는 도리어 그 소리가 귀에 잘 들리지 않으며, 너무 큰 형체를 가진 것은 도리어 그 모양이 눈에 보이지 않는다.

이렇게 알 수 있듯이, 도는 은미하여 그 모양이 보이지 않아서 사람의 말로는 이름을 붙일 수가 없다. 오로지 도는 만물을 생성하고 베풀면서 왕성하게 해줄 뿐이다.

대체적으로 정리하면, 작은 그릇은 만들기가 쉬워 빨리 이루어지지만, 큰 그릇은 완성하려면 오랜 시간이 걸리고, 큰 우주는 움직이는 소리가 잘 들리지 않듯이 아주 큰 소리는 귀에 잘 들리지 않으며, 아주 큰 물체는 우주 공간처럼 그 형체가 없어 가늠할 수가 없다.

참으로 큰 인물은 나이가 들어감에 따라 비로소 그 사람됨을 알게 된다. 마찬가지로 큰 그릇은 빠른 시간에 만들어지지 않고 조급하게 만들려고 하면 흠이 생기게 마련이다.

마찬가지로 젊을 때 뛰어나게 두각을 나타내는 사람이 반드시 큰 인물이 되는 것은 아니며, 빼어난 재능을 가진 사람이라고 할 수도 없다. 남의 눈에 띄지 않고 서서히 자신을 다져 실력을 기르는 사람이야말로 장차 큰 사람이 되는 것이다.

41장도 도에 대해서 설명하고 있다. 다만 그 설명이 사실적이고, 도의 근본보다는 인간의 삶에 직면한 구체적인 표현을 문제로 제기했다.

41장에서는, 1장에 이어 그 무형무명(無形無名)한 도의 초월함과 조화의 역할에 대해서 칭송하고. 모든 도와 덕은 하늘과 땅, 음과 양의 관계에 있음을 말하고 있다.

제42장
도는 하나를 낳고, 둘은 셋을 낳고

道生一 一生二 二生三 三生萬物 萬物負陰而抱陽
도 생 일　일 생 이　이 생 삼　삼 생 만 물　만 물 부 음 이 포 양

沖氣以爲和 人之所惡 唯孤寡不穀 而王公以爲稱 故物
충 기 이 위 화　인 지 소 악　유 고 과 불 곡　이 왕 공 이 위 칭　고 물

或損之而益 或益之而損 人之所教我亦教之 强梁者
혹 손 지 이 익　혹 익 지 이 손　인 지 소 교 아 역 교 지　강 량 자

不得其死 吾將以爲教父
불 득 기 사　오 장 이 위 교 부

　도는 하나를 낳고, 둘은 셋을 낳고, 셋은 만물을 낳는다. 만물은 음을 등에 지고 양을 품에 안아 충기로써 조화가 된다. 사람이 미워하는 것은 오직 고와 과와 불곡이고, 왕공은 그것으로 일컬음을 삼는다. 그러므로 만물은 혹은 덜어서 더하고, 혹은 더하면서 던다. 남이 가르치는 것은 나도 역시 가르친다. 강량한 사람은 그 죽음을 얻지 못하니, 내 장차 그것을 교부로 한다.

*도생일(道生一) : 도는 하나를 낳는다, 즉 도는 음양 상태로 나누기 이전에서 원시 상태의 태극을 낳는다는 말.

*일생이(一生二) : 하나가 둘을 낳는다, 즉 태극은 음과 양 두 기(氣)를 낳는다는 말.

*이생삼(二生三) : 둘은 셋을 낳는다, 즉 음양이 화합하여 자연계가 탄생하고, 이것이 물질의 근원을 낳는다는 말.

*충기(沖氣) : 깊숙이 잠재된 기운.

*강량자(強梁者) : 굳세고 강함.

*교부(敎父) : 가르침의 근본. 부는 바탕을 뜻함.

[大意]

　도는 하나이다. 이 하나가 만물의 유일한 근본으로서 세상만물의 존재를 있게 했다. 또 이 하나의 기운이 나뉘어 음과 양, 즉 하늘과 땅을 있게 하고, 음과 양 두 기운이 합하여 제 삼의 기운이 되었으며, 그 세 기운이 만물을 낳게 했다.

　만물은 음의 기운을 등에 업고 양의 기운을 품에 안아서, 충화의 기운에 의해 조화를 이루어 생성되어 가는 것이며, 이렇게 만물은 서로 대립되는 두 가지 요소로 인하여 만들어진다.

　누구나 외롭고 부덕하며 행복하지 못한 것을 싫어하지만, 임금은 그것을 자신의 대명사로 삼아 사용한다. 세상 모든 것은 손해가 이익이 되기도 하고, 이익이 손해가 되기도 하므로, 따라서 임금도 늘 겸손하면 오히려 그 위상이 굳건해진다.

세상 사람들이 교훈으로 삼는 상식적인 것을 나 또한 교훈으로 삼는다. 힘을 믿고 앞세우는 사람은 온당하게 죽지 못한다. 나는 이것을 장차 가르침의 으뜸으로 삼으려고 한다.

42장 역시 만물을 생성하는 도를 설명하여 이를 따라야 한다는 인간의 처세에 대해서 가르쳤다.

노자의 도는 늘 허(虛)를 말하고, 충(沖)으로 표현하지만, 그 허와 충은 움직이지 않는 죽은 허가 아니라 언제나 쉴 새 없이 움직이는 살아 있는 것이다. 그러므로 현상계의 배후에 숨어 있는 도가 충기(沖氣)를 얻어 유(有)의 세계로 나타나 만물의 근원이 되는 것이다. 따라서 음과 양을 생성시킨다.

음양은 본래 남녀의 근본적인 모습으로 상대되는 두 기운을 말한다. 음은 정체적(靜滯的)이며, 양은 약동적(躍動的)이다. 이 음양의 두 기운이 합하여 새로운 충기가 생기는 것을 일컬어서 남녀의 교합에서 자식이 생겨나듯이 두 기운이 셋을 만든다고 한다.

자연계에는 서로 호응하는 충기의 이치에 따라서 만물이 생성하고 화육한다. 따라서 만물의 하나인 인간계 역시 이것이 적용되는 것은 마찬가지다.

제43장

천하의 지극히 유약함은 천하의 지극히 견고함을

天下之至柔 馳騁天下之至堅 無有入無間 吾是

천하지지유 치빙천하지지견 무유입무간 오시

以知無爲之有益 不言之敎 無爲之益 天下希及之

이지무위지유익 불언지교 무위지익 천하희급지

천하의 지극히 유약함은 천하의 지극히 견고함을 마음대로 하고, 무유(無有)는 무간(無間)에 들어간다. 나는 이것으로 무위의 유익함을 안다. 말이 없이 가르치는 것과 무위의 유익함은 세상에서 따를 것이 없다.

[語釋]

＊지유(至柔) : 지극히 부드러운 것, 물을 이름.

＊치빙(馳騁) : 마음대로 부림.

＊지견(至堅) : 지극히 단단한 것, 돌이나 쇠 등.

＊무유(無有) : 보이는 형체가 없음.

＊입무간(入無間) : 틈이 없는 곳으로 들어감.

*희급지(希及之) : **따를 것이 없다.**

[大意]

　세상에서 가장 부드러운 것은 물이다. 물은 세상에서 가장 단단한 것을 마음먹은 대로 허물어 버린다. 틈이 없는 곳으로도 스며들어 아무리 튼튼하게 지은 둑도 침식하여 무너뜨리는 것이다.

　이런 이유로 나는 부드럽고 형태에 구애받지 않는 무위의 처세가 유익하다는 것을 아는 것이다. 말을 하지 않고 실천하는 가르침으로서의 무위의 유익함은 이 세상에서 물을 따를 만한 것이 없을 것이다.

　43장에서는 형체가 있는 물체라면 스며들지 못하는 그 어느 곳에라도 마음대로 들어가는 물의 부드러움을 상징으로 하여 처세하는 것에 대하여 역설했다.

제44장
이름과 몸은 어느 것이 더 친하고

名與身孰親 身與貨孰多 得與亡孰病 是故甚愛必大費
명여신숙친 신여화숙다 득여망숙병 시고심애필대비

多藏必厚亡 故知足不辱 知止不殆 可以長久
다장필후망 고지족불욕 지지불태 가이장구

　이름과 몸은 어느 것이 더 친하고, 몸과 재물은 어느 것이 더 나으며, 얻는 것과 잃는 것은 어느 것이 병인가.
이 때문에 심하게 사랑하면 반드시 크게 쓰고, 많이 간직하면 반드시 후하게 잃는다. 족함을 알면 욕되지 않고, 그만둘 줄 알면 위태롭지 않아 그것으로 장구할 수 있는 것이다.

[語釋]
*숙친(孰親) : 무엇이 더 가까운가.
*숙다(孰多) : 무엇이 더 소중한가.
*숙병(孰病) : 무엇이 더 해로운가.
*대비(大費) : 크게 소비하다.

*후망(厚亡) : 크게 망하다.

[大意]

　명예와 생명 중 어느 것이 더 자신에게 절실하냐고 물으면 누구나 생명이라고 말할 것이다. 생명과 재산 중 어느 것이 소중하냐고 물어도 역시 자신의 생명이라고 말할 것이다. 따라서 명예와 생명과 재산은 얻을 때와 잃을 때 어느 쪽이 더 걱정꺼리가 되냐고 묻는다면 역시 잃는 것이 될 것이다.

　얻는 것과 잃는 것 중 어느 것이 괴로운가. 지나치게 명예나 재화 같은 것에 애착을 하면 소중한 생명을 손상시키게 되고, 또 명예나 재화를 지나치게 간직하려고 하면 결국은 그것에 대한 걱정이 많아져서 소중한 본성까지도 잃게 된다.

　만족할 줄을 알면 부끄러운 일을 당하는 일이 없고, 적당히 그칠 줄을 알면 위태로운 일을 당하지 않아서, 그것으로 오래도록 평안하게 갈 수 있는 것이다.

　44장은 세상에 존재하는 명예와 재화에 대하여 설명했고, 그것을 거부하는 도가의 사상적인 입장을 분명하게 했다고 볼 수 있다. 인간은 자연에서 나서 자연에서 살다가 자연으로 돌아간다는 말이 있다. 이것이 자연의 철칙임에도 불구하고 인간만이 그렇지 못하다. 명예와 재화를 탐하다가 결국은 그것으로 인하여 목숨까지 잃게 된다. 노자는 여기에서 지족불욕(知足不辱), 즉 만족함을 알고 욕심을 버리며 살아가는 것을 가르쳤다.

제45장
크게 이룬 것은 이지러진 것 같지만

大成若缺 其用不弊 大盈若沖 其用不窮 大直若屈
대성약결 기용불폐 대영약충 기용불궁 대직약굴

大巧若拙 大辯若訥 躁勝寒 靜勝熱 淸靜爲天下正
대교약졸 대변약눌 조승한 정승열 청정위천하정

　　크게 이룬 것은 이지러진 것 같지만 그 쓰임이가 나빠지지 않고, 크게 채운 것은 빈 것 같지만 그 쓰임이가 다하지 않는다. 크게 곧은 것은 굽은 것 같고, 크게 잘된 것은 서투른 것 같으며, 크게 말을 잘하는 것은 더듬는 것 같다. 움직이는 것은 추위를 이기고, 고요한 것은 더위를 이긴다. 맑고 고요하면 천하의 정이 된다.

[語釋]
*폐(弊親) : 헤지다. 낡다. 다하다.
*충(沖) : 비다. 공허하다. 깊다.
*불궁(不窮) : 끝이 없음.

*정승열(靜勝熱) : 고요함은 더위를 이긴다.

*위천하정(爲天下正) : 천하를 바르게 다스리는 규범을 삼다.

[大意]

참으로 완전하게 이룬 것은 어딘가 잘못 된 것처럼 보이지만 아무리 써도 못 쓰게 되는 일은 없고, 참으로 가득 찬 것은 얼핏 보아서 비어 있는 것 같지만 아무리 써도 부족하지 않다.

너무 곧으면 도리어 굽어보이는 것처럼 너무 정직하면 우직해서 굴곡이 있어 보이지만, 그 안에 진실로 곧은 것이 있다.

흠잡을 데 없이 잘하면 너무 자연스러워서 어딘가 서툴러 보이나 더 이상 잘할 수는 없으며, 정말로 잘하는 말은 어눌한 것처럼 들린다.

분주하게 움직이면 추위를 이길 수 있고, 가만히 있으면 더위가 물러간다.

세상을 다스리려면 스스로 맑고 고요하여 무위로써 교화되도록 하며, 이것으로써 세상을 다스리는 근본으로 삼아야 한다.

인간의 인식이나 가치적 판단은 겉모양에 속아 넘어가기 쉽다. 어리석은 것을 어리석다고 결론짓고, 추한 것은 추하다고만 생각해버린다. 굽은 것은 곧은 것과 대조되어 절대로 곧은 것이 될 수 없다고 여긴다.

그러나 사물을 있는 그대로의 무위의 입장에서 바라보면, 어리석게 보이는 것을 정말로 어리석다고 한정할 수 없고, 오히려 정말로 현명한 것이 더 어리석게 보일 수 있는 것이다.

이것은 소리가 지나치게 크면 사람의 청각으로는 들을 수 없는 것처럼, 더러는 살아가는 데에 있어서 없어서는 안 될 귀중한 물이 지나치게 풍부하면 소중하게 생각하지 않는 것과 같은 이치다. 세속에서 보석으로 생각하는 금과 은이 돌처럼 흔하게 되면 도리어 돌이 희귀해져서 보석으로 평가를 받게 될 수도 있는 것이다.

상식적인 이해의 한계를 넘어서게 되면 진상과는 아주 다르게 받아들여지게 된다. 노자는 이와 같은 상식적인 이해의 한계를 초월한 것을 크고[大] 높다[上]고 했다.

노자가 말하는 크고 높은 것은 인간의 상식적인 인식이나 세속적인 가치 판단을 초월한 것을 말한다. 그러한 것을 초월하는 곳에 실재하고 있는 그대로의 사상의 세계에서 도를 일컫는 것이다.

45장에서는 인간의 이러한 직관적인 사고와 입장에 대한 무위적인 사고, 즉 관조하는 입장에서의 사고를 설명했다.

제46장
천하에 도가 있으면 달리는 말을 쉬게 해서

天下有道 却走馬以糞 天下無道 戎馬生於郊 罪莫

천하유도　각주마이분　천하무도　융마생어교　죄막

大於不可欲 禍莫大於不知足 咎莫大於欲得 故知

대어불가욕　화막대어불지족　구막대어욕득　고지

足之足 常足矣

족지족　상족의

　천하에 도가 있으면 달리는 말을 쉬게 해서 거름을 하고, 천하에 도가 없으면 융마는 들에서 낳는다. 죄는 욕심스러운 것 보다 큰 것이 없고, 화는 넉넉한 것을 알지 못하는 것 보다 큰 것이 없으며, 허물은 얻고자 하는 것보다 큰 것이 없다. 그러므로 만족한 것을 아는 넉넉함은 늘 넉넉하다.

[語釋]
*각(却) : 물리치다. 그치다. 쉬다.
*주마(走馬) : 전장에서 달리는 말.

*융마(戎馬) : 군마(軍馬). 싸울 때 쓰는 말.

*생어교(生於郊) : 들에서 새끼를 낳음.

*가욕(可欲) : 욕망을 따름.

*욕득(欲得) : 얻으려고 욕심을 내다.

*상족(常足) : 늘 만족함..

[大意]

세상이 무위자연의 도를 따르면, 싸움터에서 쓰는 말은 거름을 내는 농마로 바뀌어 농사짓는 데에 쓰게 되고, 세상에 도가 없어지면, 전쟁이 일어나서 농사를 짓던 말들도 징발되어 병마로 키워지며, 암컷은 전쟁터에서 새끼를 낳게 된다.

탐욕을 버리고 적당하게 만족을 느끼는 것은 중요한 것이다. 탐욕스러운 것보다 더 큰 죄악은 없고, 만족할 줄 모르는 것보다 더 큰 재앙은 없으며, 얻으려고만 하는 욕심보다 더 큰 허물은 없다. 그러므로 있는 그대로를 만족할 줄 안다면 언제나 부족함이 없이 만족할 것이다.

46장은 44장과 같은 맥락으로, 노자의 지족(知足)에 대해서 말했다. 그러나 44장이 인간의 화복(禍福)을 중심으로 개인적인 처세를 주장한 것에 대하여 말했다면, 46장에서는 전쟁과 평화라는 사회적인 문제로 더 넓혀서 생각했고, 그리고 전쟁을 인간이 이 세상에서 만들어낸 재앙 가운데 가장 큰 것으로 생각했다.

제47장

문을 나가지 않아도 천하를 알고

不出戶 知天下 不窺牖 見天道 其出彌遠 其知彌少
불출호 지천하 불규유 견천도 기출미원 기지미소

是以聖人 不行而知 不見而名 不爲而成
시이성인 불행이지 불견이명 불위이성

　문을 나가지 않아도 천하를 알고, 창문으로 엿보지 않고 천도를 본다. 그 나가는 것이 더욱 멀면 그 아는 것이 더욱 적다. 이것으로 성인은 가지 않아도 알고, 보지 않고서 이름 지으며, 하지 않고도 이룬다.

[語釋]

*불출호(不出戶) : 문밖을 나가지 않음.

*불규유(不窺牖) : 창밖을 엿보지 않음.

*미원(彌遠) : 점점 멀어짐.

*미소(彌少) : 점점 적어짐.

*불견이명(不見而名) : 보지 않아도 이름 지음. 즉 보지 않아도 밝게

살핀다는 뜻.

[大意]

　굳이 문밖으로 나가지 않아도 세상의 일을 알 수 있고, 또 창으로 내다보지 않아도 하늘의 이치를 알 수 있다.　알려고 문밖으로 나가면 나갈수록 참된 지식은 적어져서 아는 것이 없게 된다.

　그러므로 만물의 근본인 도를 터득한 성인은 밖으로 돌아다니지 않아도 참다운 것을 알고, 눈으로 보지 않아도 사물을 분별할 수 있으며, 애쓰지 않아도 스스로 이루어 낸다.

　47장에서는, 46장의 지족(知足)의 처세와 관련하여 참다운 지혜인 명(明)이 밖에서 구해지는 대상적이고 경험적인 지식이 아니고, 자신의 마음속에 근본적으로 충족된 초감성적이고 초경험적인 지혜라는 것을 설명했다.

　유가의 학문이 감성적인 경험의 지식을 중요시하여 밖으로부터 구하는 박식(博識)을 귀하게 여기는 경향을 나타내는데 대하여, 그 박식이 인간의 근본적인 순수성을 밖으로 확산시켜 인간을 감각과 지각의 노예로 만들 수 있다는 위험을 경고하는 것이 이장의 논지다.

　중국 철학에는 밖으로부터 구하는 것의 위험을 철저하게 경계하는 가르침이 많다. 일반적으로 말해서 중국인의 사고에는 선(禪)이나 유학(儒學)에서도 알 수 있듯이, 내면을 향하여 이

(理)를 구하는 경향이 강하다.

　과거의 중국은 근대 유럽에서 있었던 과학적인 사고가 충분하게 발달되지 않았다. 따라서 과학 기술이 비약적인 진보를 못한 이유의 하나도 여기에서 찾아볼 수 있다. 그런 관점에서 노자의 철학은 중국인의 폐쇄적이고 내관적 (內觀的)이며, 신비적이고 직관적인 경향을 가장 잘 나타내고 있다.

제48장
배우면 날로 더해지고, 도를 알면 날로 덜어진다

爲學日益 爲道日損 損之又損 以至於無爲 無爲而無
위학일익　위도일손　손지우손　이지어무위　무위이무

不爲 取天下 常以無事 及其有事 不足以取天下
불위　취천하　상이무사　급기유사　부족이취천하

　　배우면 날로 더해지고, 도를 알면 날로 덜어진다. 덜고 또 덜어서 그것으로 무위에 이르니, 하지 않으면서 하지 않는 것이 없다. 천하를 취하되 항상 일이 없는 것으로써 한다. 그 일이 있는 것에 미치게 되면 만족스럽게 천하를 취하지 못한다.

[語釋]
*위도일손(爲道日損) : 도를 닦으면 나날이 줄어듦.
*취(取) : 다스림.
*무사(無事) : 하는 일이 없음. 무위(無爲)와 같은 말.
*유사(有事) : 유위(有爲). 인위적.

[大意]

학문을 하면 지식과 함께 이런저런 자잘한 지혜가 나날이 늘어나게 되고, 도를 실천하면 지식이 몸에 익혀져서 자잘한 지혜가 나날이 줄어든다. 줄이고 또 줄이면 마침내 무위에 이른다. 무위에 이르면 스스로 모든 것을 하지 못하는 것이 없다. 세상은 언제나 무위로써만 다스려야 하는 것이니, 유위적인 것으로는 세상을 다스릴 수 없다.

48장에서는, 세속적인 학문 즉 유가(儒家)적인 학문과, 노자가 주장하는 무위자연적인 진리의 터득은 다르다는 것에 대해서 말하고, 그러한 무위자연의 덕을 다시 한 번 강조했다. 또 이 장은 도덕경 전반에 걸쳐서 그 맥락을 같이 하고 있으며, 노자가 가장 강조하는 무위자연의 덕은 모든 것을 이루어내는 것이라고 말했다. 특히 이 장에서는 사물을 보는 시각을 크게 둘로 나누어 현상적인 것과 본체론적인 것으로 볼 수 있겠다. 현상적인 과학을 공부하면 지식은 나날이 더하여 가지만, 본체론적인 도를 익히면 과학적인 사고는 점점 줄어들게 된다.

노자와 장자는 하나같이 유가의 박학(博學)을 '우리의 생명은 유한하지만, 지식은 무한하다. 유한한 것으로 무한한 것을 따르면 위태롭다. 위태로운 줄 알면서 지식을 추구하는 것은 더욱 위태로운 것이다.'고 했다.

이러한 가르침에서 인간의 하찮은 지식으로 세상의 일들을 판단하는 것이 얼마나 어리석은 일인가를 깨달을 수 있다.

제49장
성인은 상심이 없어 백성의 마음으로

聖人無常心 以百姓心爲心 善者吾善之 不善者 吾亦
성인무상심 이백성심위심 선자오선지 불선자 오역

善之 德善 信者吾信之 不信者吾亦信之 德信 聖人
선지 덕선 신자오신지 불신자오역신지 덕신 성인

在天下 歙歙爲天下 渾其心 而百姓皆注 其耳目 聖人
재천하 흡흡위천하 혼기심 이백성개주기이목 성인

皆孩之
개해지

　　성인은 상심이 없어 백성의 마음으로 마음을 삼는다. 선한 사람은 나는 선하다고 하고, 선하지 않은 사람도 또한 나는 선하다고 하니, 덕이 선한 것이다. 진실한 사람은 나는 진실하다고 하고, 진실하지 않은 사람도 또한 나는 진실하다고 하니, 덕이 진실한 것이다. 성인이 천하에 있으면서 흡흡하게 천하를 위해 그 마음을 흐리게 하므로, 백성은 모두 다 그 귀와 눈을 쏟는다. 성인은 다 어린 아이로 만든다.

[語釋]

*덕선(德善) : 본래 착한 본성.

*신자(信者) : 진실된 것. 성실한 것.

*흡흡(歙歙) : 두려워하는 모양.

*혼기심(渾其心) : 그 마음이 뒤섞임.

*개해지(皆孩之) : 모두 어린아이 같게 함.

[大意]

성인은 고정된 마음이 없는데 이것이 바로 무심이다. 즉 자유자재하는 마음인데, 모든 백성의 마음을 자신의 마음으로 하는 것이다.

성인은 선한 사람은 선한 대로 받아들이고, 선하지 않은 사람도 그 선하지 않은 그대로를 받아들여 선하게 이끄니, 이것은 결국 성인의 덕이 참으로 선하기 때문이다.

신실한 사람은 자신이 신실한 사람으로 대하고, 신실하지 못한 사람도 있는 그대로의 불신을 신실하게 대하여 이끄니, 이것은 결국 성인의 덕이 정말로 신실하기 때문이다.

성인이 세상을 다스림에 있어서 자신의 고집과 욕심을 거두어 움츠리고, 그 마음을 백성들로 하여금 혼란스럽게 한다. 그래서 백성들은 모두 성인의 귀와 눈을 주시하지만, 성인은 모든 백성을 무지무욕의 어린아이 같게 하여 다스린다.

노자는 성인을 도를 터득한 사람으로 광대무변하다고 말했다. 이처럼 광대무변한 것을 도의 근본, 즉 선과 악이 없는 무심으로 받아들이는 것이다. 그에게 있어서 세속적인 도덕의 규범은 절대적으로 변하지 않는 규범이 아닌 것이다.

그는 이 깨달음을 바탕으로 하여 세속적인 도덕과 가치관을 초월한 근원적인 도에 자신의 마음을 혼돈함과 동시에 세속적인 가치관에 민감한 반응을 갖는 사람들의 눈과 귀를 가치관을 초월한 근원적인 도에 돌려 세우고자 한다. 모든 사람의 마음이 근원적인 도에서 깨달음을 얻을 때, 선한 사람만이 얻는 것이 아니라 선하지 않은 사람 또한 얻을 수 있다는 것이다.

노자가 말하는 선한 것과 악한 것, 신의가 있는 것과 신의가 있지 못한 것은 세속적인 도덕의 가치관을 초월하여 변함이 없는 도의 경지에서 생각한 것이다. 즉 성인이 백성을 다스리는 참된 마음이 어떤 것인가를 짐작하게 해 주는 것이다.

49장은, 성인은 자신의 마음을 비우고 무심으로 세속의 모든 사람, 즉 선하거나 그렇지 못한 사람, 또 신의가 있거나 없는 사람 등 일체를 받아들임으로써 무위자연의 도에 일치하는 인격이라는 것을 설명했다.

제50장
삶에서 나와 죽음으로 들어가는 데에는

出生入死 生之徒 十有三 死之徒 十有三 人之生 動之
출생입사 생지도 십유삼 사지도 십유삼 인지생 동지

死地 亦十有三 夫何故 以其生生之厚 蓋聞 善攝生者
사지 역십유삼 부하고 이기생생지후 개문선섭생자

陸行不遇兕虎 入軍不被甲兵 兕無所投其角 虎無所
육행불우시호 입군불피갑병 시무소투기각 호무소

措其爪 兵無所用其刃 夫何故 以其無死地
조기조 병무소용기인 부하고 이기무사지

삶에서 나와 죽음으로 들어가는 데에는 삶의 무리가 열에 셋이고 죽음의 무리가 열에 셋이며, 사람이 사는데 움직여 죽음의 땅으로 가는 것 또한 열에 셋이 있다. 대저 무슨 연유인가. 그 삶이 삶으로 두텁기 때문이다. 대체로 듣건대 삶을 잘 유지하는 사람은 뭍으로 가도 외뿔소와 범을 만나지 않고, 군에 들어가도 갑옷을 입거나 칼을 차지 않으며, 외뿔소도 그 뿔을 던질 곳이 없고, 범도 그 발톱을 둘 곳이 없으며, 칼도 그 날을

쓸 데가 없다고 한다. 대저 무슨 연유인가. 그 죽을 땅이 없어
서이다.

[語釋]

*출생입사(出生入死) : 삶에서 나와 죽음으로 들어감.

*생지도(生之徒) : 제대로 오래 사는 사람.

*사지도(死之徒) : 살다가 제대로 죽는 사람.

*동지사지(動之死地) : 움직여 죽음으로 들어감.

*생생지후(生生之厚) : 삶을 지나치게 욕심대로 살아감.

*섭생(攝生) : 삶을 유지함.

*조기조(措其爪) : 그 발톱으로 할퀴다.

[大意]

　인간은 만고불변의 이치대로 차례차례 태어났다가 저 세상
으로 돌아간다. 그 중에 오래도록 잘 사는 사람은 열에 셋이 있
고, 일찍 죽는 사람도 열에 셋이 있으며, 오래 잘 살 수 있는데
도 불구하고 일부러 죽는 사람도 열에 셋이 있다. 그 이유가 무
엇인가. 그것은 그들이 너무 삶에 집착하기 때문이다.

　이런 말이 있다. 제대로 잘 사는 사람은 험한 뭍으로 가도 외
뿔소나 호랑이를 만나지 않고, 군대에 들어가도 갑옷과 병기를
간수하며 싸우는 일은 하지 않는다. 이런 사람들에게는 외뿔소
도 그 뿔을 들이받지 못하고, 호랑이도 발톱을 들이대지 않으

며, 싸움터에 가서도 칼날을 쓸 틈이 없다. 그 까닭은 무엇인가. 그것은 그들의 삶에 대한 집착이 지나치지 않아서 죽음의 여지가 없기 때문이다.

　50장에서는 인간의 생사관(生死觀)에 대해서 설명했다. 노자의 생사관은 죽음과 삶을 분명히 구별하고 있다. 노자는 사람이 산다는 것은 무에서 유로 태어나는 것이고, 죽는다는 것은 유에서 무로 돌아가는 것이라고 생각했다. 즉 도를 하나의 생명이라고 본다면, 그 생명이 현상계(現象界)로 나오는 것이 바로 삶이고, 본체계(本體界)로 들어가는 것이 바로 죽음이다. 노자는 삶과 죽음을 구별하면서 하나의 본체가 기복(起伏)에 따라 삶과 죽음으로 구별되며, 살아가는 것도 생명의 지속이며, 죽는 것도 사는 것을 전제로 한 생명의 지속으로 보았다. 그럼에도 불구하고 인간들은 삶에만 너무 집착하는 나머지 죽음을 재촉하는 예가 허다하다.

　죽음에 대하여는 여러 종교가 제각기 다른 관점을 가지고 있다. 불교에서는 죽음을 고(苦)로 본 데 대하여 장자는 죽음을 낙천적으로 보았으며. 기독교에서는 죽음을 오히려 영생(永生)으로 보았다.

제51장
도가 낳고 덕이 기르니, 물질이 형체를 이룬다

道生之 德畜之 物形之 勢成之 是以萬物 莫不存道
도생지 덕축지 물형지 세성지 시이만물 막부존도

而貴德 道之尊 德之貴 夫莫之命而常自然 故道生之
이귀덕 도지존 덕지귀 부막지명이상자연 고도생지

德畜之 長之育之 成之熟之 養之覆之 生而不有 爲而
덕축지 장지육지 성지숙지 양지복지 생이불유 위이

不恃 長而不宰 是謂元德
불시 장이부재 시위원덕

　　도가 낳고 덕이 기르니, 물질이 형체를 이룬다. 이것으로 만물은 도를 높이고, 덕을 귀하게 여긴다. 도가 높고 덕이 귀한 것은, 대개 시키지 않아도 항상 스스로 그러하다. 그러므로 도는 낳고 덕은 기르며, 자라게 하고 길러주며, 이루게 하고 익게 하며, 키우고 덮는다. 낳아도 소유하지 않고, 하고도 자랑하지 않으며, 키워도 거느리지 않으니, 이것을 현덕이라 이른다.

*도생지(道生之) : 도가 낳음, 즉 무위자연의 도가 만물을 낳는다는 말.

*덕축지(德畜之) : 덕이 기르다. 덕이 만물을 기른다는 말.

*물형지(物形之) : 물질이 형체를 이룸.

*장지육지(長之育之) : 길러서 자라게 하다.

*양지복지(養之覆之) : 키우고 덮어주다.

[大意]

　만물은 도가 그것을 낳고, 덕이 그것을 길러 보존하며, 그 바탕에서 물체마다 형체를 이루게 하여, 환경에 따라서 그것들을 성장시킨다.

　만물은 도를 부모나 임금처럼 존중하고, 덕을 그 은혜 같이 귀하게 여기지 않으면 안 된다. 도를 존경하는 것과 덕을 귀하게 여기는 것은, 대저 누가 시켜서가 아니고 언제나 저절로 그렇게 되는 것이다. 그러므로 도에서 만물이 태어나고, 덕이 그것들을 기르고 보존시키며, 키우며 돌봐 주는 것이다.

　도는 만물을 낳았지만 자신의 것으로 소유하지 않고, 만들었지만 자랑하지 않으며, 길렀으면서도 마음대로 지배하지 않는다. 이것을 현묘한 덕이라 한다.

　51장에서는, 노자가 말하는 무위자연의 도가 만물을 낳고 기르는 위대한 조화의 역할을 하는 것을 현덕으로 칭송했다.

제52장
천하에 처음이 있으니, 그것을 천하의 어미로

天下有始 以爲天下母 旣得其母 復知其子 旣知其子

천하유시　이위천하모　기득기모　복지기자　기지기자

復守其母 沒身不殆 塞其兌 閉其門 終身不勤 開其兌

복수기모　몰신불태　새기태　폐기문　종신불근　개기태

濟其事 終身不救 見小曰明 守柔曰强 用其光 復歸

제기사　종신불구　견소왈명　수유왈강　용기광　복귀

其明 無遺身殃 是爲襲常

기명　무유신앙　시위습상

천하에 처음이 있으니, 그것을 천하의 어미로 한다. 이미 그 어미를 얻어서 다시 그 아들을 알고, 이미 그 아들을 알아서 다시 그 어미를 아니, 몸이 죽기까지 위태롭지 않다. 그 구멍을 막고 그 문을 닫으면 종신토록 지치지 않고, 그 구멍을 열고 그 일을 이루면 종신토록 구하지 못한다.

작은 것을 보고 밝다 하고, 부드러움을 지켜 강하다고 한다. 그 빛을 써서 밝음으로 되돌아가면, 몸에 재앙을 남기지 않는다. 이것을 습상(襲常)이라 이른다.

[語釋]
*천하모(天下母) : 세상의 어머니인 도를 말함.
*기자(其子) : 여기에서는 도의 아들인 만물과 자연현상을 뜻함.
*몰신불태(沒身不殆) : 죽을 때까지 위태롭지 않음.
*색기태(塞其兌) : 그 구멍을 막는다는 말로, 여기에서는 관능의 원천인 신체의 구멍을 막는다는 말.
*폐기문(閉其門) : 여기에서는 관능적인 쾌락의 문을 닫는다는 말.
*제기사(濟其事) : 여기에서는 욕심껏 하고 싶은 일을 한다는 말.
*용기광(用其光) : 그 명석함에서 나오는 빛을 씀.
*무유신앙(無遺身殃) : 신체에 재앙을 끼치지 않음.
*습상(襲常) : 도를 지키고 따름.

[大意]
　세상에 있는 만물과 자연현상에는 처음이 있으니, 그것이 천하의 어머니인 도이다. 이미 도가 모체라는 것을 알았으니, 돌이켜서 보면 만물이 그 자식이라는 것을 알 수 있다.
　이미 도의 자식이라는 것을 스스로 터득하여 알고, 돌이켜서 도를 그 어머니로 여겨서 소중하게 지키면, 어머니인 도의 보살핌으로 인하여 죽을 때까지 위태롭지 않을 것이다.
　이 세상을 슬기롭게 살아가기 위해서는 관능에 치우치는 불 필요한 감각기관의 구멍을 막고, 그 문을 닫아 생명을 낭비하는 어리석음을 피하게 되면 죽을 때까지 근심이 없을 것이다. 그러나 반대로 욕망의 문을 열고 번거로움을 더하게 되면 죽을 때까지 구원을 받지 못한다.

아주 작은 것까지 잘 보는 것을 눈이 밝다고 하고, 또 어떤 경우에라도 유연함을 지켜 나가는 것을 강하다고 한다. 그 밝은 지혜의 빛을 내면으로 받아들여서 만물의 근원인 도로 돌아간다면, 몸에 재앙을 남기는 일은 없을 것이다. 이것을 떳떳한 도를 지키는 것이라 말한다.

52장에서는, 도의 근원적인 자각, 다시 말해서 '명(明)'으로 돌아가는 것이 인간에게는 참다운 삶이라는 것을 설명했다. 이 장에서 결론을 짓는 시위습상(是爲習常)이 바로 그것이다.

52장은 1장, 34장, 35장, 43장, 76장, 78장 등에서도 말하는 것처럼 중요한 뜻은 도의 아들로서 살아가는 태도, 즉 어머니인 도를 잃지 말고 일생을 살면 몸이 태평 안락할 것이라고 말했다. 그 골자는 욕망을 억제하고, 아주 작은 것도 소홀히 하지 않고 살피며, 부드러움을 지키고, 언제나 내면의 빛을 작용시켜 절대의 명지(明知)로 돌아가는 것이다. 이렇게 보면 노자는 인간의 원점은 도의 아들인 것으로 말했다고 할 수 있다.

천지자연은 언제나 순환이고, 무위이며, 발전은 있을 수 없고, 인간세계는 변천은 있으나 그것도 도에 의하여 규제된다. 인간은 변천이나 발전을 목적으로 한 삶에 있어서의 독립된 가치가 있을 수 없다. 오직 도의 자식이라는 원점을 지키면서 안정되게 무위자연의 도를 따르며 살아가는 것이다.

52장에서 말하는 전체의 뜻은, 인간 본래의 천성은 선량한 것이지만 온갖 욕망으로 흐려져 그 몸을 죽을 때까지 편안히 보존할 수 없다는 것이다. 따라서 어머니인 도의 뜻을 따라 살아간다면 인간의 일생은 태평하고 안락할 것이라고 결론지었다.

제53장
나로 하여금 개연히 아는 것이 있으니

使我介然有知 行於大道 唯施是畏 大道甚夷 而民好徑

사 아 개 연 유 지　행 어 대 도　유 시 시 외　대 도 심 이　이 민 호 경

朝甚除 田甚蕪 倉甚虛 服文綵 帶利劍 厭飮食 財貨

조 심 제　전 심 무　창 심 허　복 문 채　대 리 검　염 음 식　재 화

有餘 是謂盜夸 非道也哉

유 여　시 위 도 과　비 도 야 재

　　나로 하여금 개연히 아는 것이 있으니, 대도(大道)를 가려면 오직 인위적인 것을 두려워해야 한다. 대도는 심히 편하지만 사람들은 지름길을 좋아한다. 조정은 심히 정결하지만, 밭은 심히 거칠며, 창고는 심히 비었는데, 옷은 무늬 채색하고, 칼을 차고, 음식에는 물리고 재화는 남아돈다. 이것을 도둑의 사치라 이르고, 도가 아닌 것이다.

[語釋]
*개연(介然) : 굳게 지켜 변함이 없음.

*시(施) : 베풀다, 뽐내다. 여기에서는 인위적인 시정(施政)의 뜻.

*호경(好徑) : 지름길을 좋아함.

*조심제(朝甚除) : 조정은 아주 정결함.

*전심무(田甚蕪) : 밭은 너무 황폐해 있음.

*창심허(倉甚虛) : 창고가 텅 비어 있음.

*염음식(厭飮食) : 음식을 질리도록 많이 먹음.

*도과(盜夸) : 도둑의 사치.

[大意]

　나로 하여금 개연히 아는 것이 있어 큰 도를 행하게 한다면, 다른 것은 두렵지 않고, 오직 자신이 잘못된 길로 빠지지 않을까 우려된다. 대도는 매우 평탄하다. 그렇지만 사람들은 위험한 지름길을 좋아한다.

　나라의 조정은 깨끗하고 화려한데 비하여, 백성들이 사는 농촌은 황폐하고, 창고는 텅텅 비어 있다. 관원들은 채색한 비단옷을 입고, 허리에는 날카로운 칼을 차고 다니며, 맛있는 음식을 싫도록 먹고, 재물은 쓰고도 남을 만큼 축재하여 쌓아 둔다. 이러한 것들을 바로 도둑질한 사치라고 한다. 어찌 도라고 할 수가 있겠는가.

　본래 노자는 우주를 대상으로 무위자연의 대도를 말하고 무지무욕을 설파한 철인이다. 이러한 노자에게 세상을 다스리게 한다면 어떻게 했을 것인가? 그는 다른 것은 별로 걱정을 하지 않았을 것이다. 다만 백성들로 하여금 재화를 독점하겠다는 소유욕과 지배자가 되겠다는 명예욕을 제거하여, 무위무욕(無爲無欲)으로 살아가게 하는 것을 가장 큰 문제로 삼았을 것이다. 왜냐하면 모든 속세의 나라를 다스린다는 것은 대부분 지배자의 유위유욕(有爲有欲)으로 인한 횡포로 말미암아 마치 도둑을 양성하는 것과 같기 때문이다. 결국 노자의 무위는 인간의 고의적인 행위를 부정하는 사상이다. 이 고의적인 행위가 속이는 행위로 부정되는 것은, 고의적인 행위로 인하여 인간의 근본이 왜곡되고 훼손되기 때문이다.

무위의 사상은 인간의 현실과 사회의 현실을 위선과 사악에 가득 찬 것으로 보는 데서 성립된 사상이다. 그 사상의 밑바탕에 자리 잡고 있는 것은 존재하는 것에 대한 날카로운 비판과 부정의 정신이다. 도덕경에는 지배 계급에 대한 이러한 비판과 부정의 논술이 여러 군데에 있다는 것을 알 수 있다.

노자는 53장에서 정치를 하는 사람들의 부패와 타락을 비판하고, 또 그들의 사치와 영화를 도둑에 비유하여 규탄했다. 이들에 대한 불신과 정치적인 현실에 대한 분노를 직설적으로 표현한 이 장에서 노자의 무위사상의 근본을 확실하게 엿볼 수 있다.

제54장

잘 세운 것은 뽑히지 않고, 잘 안은 것은

善建者不拔 善抱者不脫 子孫以祭祀不輟 修之於身
선 건 자 불 발　선 포 자 불 탈　자 손 이 제 사 불 철　수 지 어 신

其德乃眞 修之於家 其德乃餘 修之於鄕 其德乃長
기 덕 내 진　수 지 어 가　기 덕 내 여　수 지 어 향　기 덕 내 장

修之於國 其德乃豊 修之於天下 其德乃普 故以身觀身
수 지 어 국　기 덕 내 풍　수 지 어 천 하　기 덕 내 보　고 이 신 관 신

以家觀家 以鄕觀鄕 以國觀國 以天下觀天下 吾何以
이 가 관 가　이 향 관 향　이 국 관 국　이 천 하 관 천 하　오 하 이

知天下然哉 以此
지 천 하 연 재　이 차

　잘 세운 것은 뽑히지 않고, 잘 안은 것은 떨어지지 않으니,
자손이 제사하며 그치지 않는다. 몸을 닦으면 그 덕이 곧 참되
고, 집을 닦으면 그 덕이 곧 남으며, 고을을 닦으면 그 덕이 곧
오래가고, 나라를 닦으면 그 덕이 곧 풍족하며, 천하를 닦으면
그 덕이 곧 넓다. 그러므로 몸으로 몸을 보고, 집으로 집을 보

며, 고을로 고을을 보고, 나라로 나라를 보며, 천하로 천하를 본다. 내 무엇으로 천하가 그런 것을 알겠는가. 이것에 의해서이다.

[語釋]
*선건자불발(善建者不拔) : 잘 심어진 것은 뽑히지 않는다는 말로, 올바르게 터득한 도는 쉽게 없어지지 않는다는 말.
*수지어신(修之於身) : 도로써 몸을 닦음.
*기덕내진(其德乃眞) : 그 덕이 곧 진실함.
*기덕내장(其德乃長) : 그 덕이 영원히 전해지다.
*기덕내보(其德乃普) : 그 덕이 두루 미치다.
*이신관신(以身觀身) : 몸에 지니고 있는 덕으로 자신을 올바르게 살필 수 있다는 말.
*이차(以此) : 이것으로써. 이것에 의하여. 여기에서는 벗어나지 않는 자연적인 덕을 가리키는 말.

[大意]
  참으로 바르게 확립된 도는 뽑혀 없어지는 일이 없고, 바르게 몸에 밴 도는 빠져서 없어지지 않는다. 잘 세운 것은 쉽게 뽑히지 않듯이 참다운 덕은 영원한 것이다. 이러한 덕을 닦은 집에는 항상 자손이 번성하고, 그 덕으로 인하여 언제나 제사를 끊임없이 받들어 이어나갈 것이다.

이러한 덕의 효과는, 한 사람이나 한 집안이나 한 고을이나 한 나라나 온 세상이 다 같이 그것을 터득하면, 그 공덕에는 거짓이 없다. 이러한 덕으로 한 사람의 몸을 다스리면 그 공덕은 참된 것이 되고, 이러한 덕으로 한 가정을 다스리면 그 공덕은 넘쳐흐르게 되며, 이러한 덕으로 한 고을을 다스리면 그 공덕은 오래도록 이어지고, 이러한 덕으로 한 나라를 다스리면 그 공덕은 그 나라를 풍족하게 하며, 이러한 덕으로 세상을 다스리면 그 공덕은 온 세상에 두루 미쳐 퍼져 나간다.

그러므로 자신의 몸을 잘 닦는데 잘 닦았는가 그렇지 못한가를 살피고, 집안을 가지런히 하는데 집안이 가지런히 되었는가 그렇지 못한가를 살피며, 한 고을을 다스리는데 그 고을이 평탄한가 그렇지 못한가를 살피고, 한 나라를 다스리는데 그 나라가 잘 다스려지는가 그렇지 못한가를 살피며, 온 세상을 지배함에 있어서 온 세상이 태평한가 그렇지 못한가를 살핀다.

무엇으로 온 세상이 태평하게 되는 것을 알 수 있겠는가. 이러한 보편적인 덕을 닦는 것으로 알 수 있는 것이다. 참으로 자연스럽고 보편적인 덕이 아닌 것은 곧 막히게 되기 마련이다.

54장에서는, 참되고 바르게 터득된 도를 덕으로 표현하여, 그 덕이 한 개인을 참된 인간으로 만들고, 한 가정의 질서를 세우며, 한 고을의 평안을 유지하고, 한 나라를 다스리며, 온 세상을 태평하게 지배한다는 것에 대해 설명했다.

노자는 항상 난세를 어떻게 해결해 나가는가에 관심을 두었다. 그것은 한 개인의 처세로부터 세상에 있는 나라의 경영에 까지 이른다.

모든 사람을 평등하게 잘 살게 하기 위해서는 정치가 원만하지 않으면 안 된다. 그렇게 하려면 도에 의한 정치를 행하지 않으면 안 된다고 노자는 주장했다.

정치에 관심을 쏟았던 것은 유가 역시 마찬가지였다. 그러나 유가에서는 수신제가치국평천하(修身齊家治國平天下)라고 해서 어디까지나 상승지향적인 것이고, 반면에 노자는 개인은 개인, 집은 집, 향리는 향리, 나라는 나라, 세상은 세상대로의 자율에 맡기는 것이라고 해서 양자 간에는 서로의 논리적인 차이가 있다.

노자에 의하면 도는 만물을 관철하는 것이기 때문에 제각각 자신의 도를 깨달아, 그것에 근거하여 행동하면 천하는 평화스러워진다고 본 것이다.

제55장

덕을 품음이 두터운 것은 갓난아이에 비한다

含德之厚 比於赤子 毒蟲不螫 猛獸不據 攫鳥不搏

함 덕 지 후　비 어 적 자　독 충 불 석　맹 수 불 거　확 조 불 박

骨弱筋柔而握固 未知牝牡之合而全作 精之至也 終日

골 약 근 유 이 악 고　미 지 빈 모 지 합 이 전 작　정 지 지 야　종 일

號而不嗄 和之至也 知和曰常 知常曰明 益生曰祥

호 이 불 사　화 지 지 야　지 화 왈 상　지 상 왈 명　익 생 왈 상

心使氣曰强 物壯則老 謂之不道 不道早已

심 사 기 왈 강　물 장 즉 노　위 지 부 도　부 도 조 이

　덕을 품음이 두터운 것은 갓난아이에 비한다. 독이 있는 벌레에 쏘이지 않고, 맹수가 덤비지 않으며, 할퀴는 새에 잡히지 않는다. 뼈가 약하며, 힘줄이 부드럽고, 잡는 것이 굳세다. 암수가 합하는 것을 모르면서 생식기가 일어나는 것은 정기가 지극한 것이다. 온종일 울어도 목이 쉬지 않는 것은 조화가 지극한 것이다. 조화를 아는 것은 떳떳함이라 하고, 떳떳함을 아는 것을 밝음이라 한다. 삶을 늘리는 것을 재앙이라 하고, 마음이

기운을 부리는 것을 강하다고 한다. 만물은 왕성하면 늙으니, 도가 아니라 이른다. 도가 아닌 것은 일찍 그친다.

[語釋]

*비어적자(比於赤子) : 어린아이에 비교함. 어린아이와 같음.

*독충불석(毒蟲不螫) : 독이 있는 벌레가 쏘지 않음.

*맹수불거(猛獸不據) : 사나운 짐승이 덤비지 않음.

*확조불박(攫鳥不搏) : 사나운 새가 움켜 채가지 않음.

*익생(益生) : 억지로 삶을 늘림.

*상(祥) : 상은 길한 것이나, 여기서는 재앙으로 해석함.

*강(强) : 도가에서는 강을 부려지기 쉬운 나쁜 것으로 봄.

[大意]

　도를 터득한 사람이 덕을 많이 지니고 있는 모습은 마치 순수한 어린아이와 같아서 독이 있는 벌레도 쏘거나 물지 않고, 사나운 짐승도 덤비지 않으며, 사나운 새도 채가지 않는다.

　어린아이의 뼈는 연약하고 근육은 부드럽지만, 움켜쥐는 힘은 강해서 잡으면 놓지 않는다. 아직 남녀의 교합에 대해서는 모르지만, 생식기가 저절로 일어서는 것은 정력이 넘쳐서 정기가 극치 상태이기 때문이다. 종일을 소리 내어 울어도 목이 쉬지 않는 것은 조화가 무리 없이 자연의 상태에서 적응하기 때문이다.

어떤 상태에서도 무리하지 않고 적응하는 깨달음을 얻는 것을 변함이 없는 도라 하고, 변함이 없는 도를 알고 살피는 것을 현명하다고 한다. 무리하여 생명을 연장하는 것을 재앙이라 하고, 마음이 기운을 부리는 것을 강[부러짐]하다고 한다. 만물의 기세가 젊어서 너무 성하면 쉬 늙어 쇠약해지는 것이니, 이것을 일컬어 도에 어긋난다고 한다. 이러한 자연의 도에 어긋나는 것은 일찍 그치고 만다.

노자가 말하는 어린아이란 무지무욕(無知無欲)으로 도를 터득하여 무심의 경지에 이른 것을 상징하는 말이기도 하다. 그것은 이미 어른이 된 사람이 시간의 흐름을 거꾸로 돌려서 갓난아이와 같이 되는 육신의 기적을 실현시키는 것이 아니고, 유지유욕(有知有欲)의 사려분별(思慮分別)을 하는 어른이 그 사려분별에 집착하지 않는, 즉 그것에서 벗어나서 자유자재하게 되는 것을 말한다. 이미 지혜와 욕심을 가지고 있는 어른이 그것을 갖지 않은 어린아이와 같이 되고자 하는 것이기 때문에 그 마음은 이미 단순한 어린아이의 마음이 될 수는 없다. 어린아이의 마음을 잃어버린 어른이 어린아이처럼 된다는 것은 더 이상의 지혜를 끊고 욕심을 버리는 것이다.

55장에서는, 노자가 순수한 어린아이를 덕에 비유하여 설명한 것으로, 노자는 어린아이를 무지무욕의 도를 터득하여 아무 것에도 구애받지 않는, 무심의 경지에 이른 것으로 상징했다.

제56장
아는 사람 말하지 않고, 말하는 사람 알지 못하니

知者不言 言者不知 塞其兌 閉其門 挫其銳 解其紛
지자불언 언자부지 색기태 폐기문 좌기예 해기분

和其光 同其塵 是謂玄同 故不可得而親 不可得而疎
화기광 동기진 시위현동 고불가득이친 불가득이소

不可得而利 不可得而害 不可得而貴 不可得而賤
불가득이리 불가득이해 불가득이귀 불가득이천

故爲天下貴
고 위 천 하 귀

아는 사람 말하지 않고, 말하는 사람 알지 못하니, 그 구멍을
막고, 그 문을 닫으며, 그 날카로움을 꺾고, 그 얽힌 것을 풀며,
그 빛을 부드럽게 하고, 그 티끌을 함께 하니 이것을 현동이라
고 한다. 그러므로 가히 친함을 얻을 수가 없고, 소홀할 수가
없으며, 이로움을 얻을 수 없고, 얻어서 해되게 할 수 없으며,
귀함을 얻을 수 없고, 천함을 얻을 수 없다. 그래서 천하의 귀
한 것이 된다.

*지자(知者) : 여기에서는 자연의 도를 터득한 사람을 말함.

*좌기예(挫其銳) : 그 날카로움을 꺾음.

*해기분(解其紛) : 그 분쟁을 해결하다.

*현동(玄同) : 현묘함과 하나가 됨.

*위천하귀(爲天下貴) : 천하에서 가장 귀하게 되다.

[大意]

자연의 도를 아는 사람은 말을 하지 않고, 무위의 덕을 말하는 사람은 알지 못한다고 겸손해 한다. 참으로 아는 사람은 말하지 않고, 잘 안다고 말하는 사람은 참으로 알지 못하는 것이다. 인간의 관능적 탐욕을 부르는 감각의 구멍을 막고, 욕망의 문을 닫으며, 그것들을 자극하는 예리한 기운을 꺾는다. 또 그 예리한 것으로 인하여 일어난 분쟁을 풀어 없애며, 자신의 명석한 지혜의 빛을 혼탁한 것들과 잘 맞게 조화를 이룬다. 이렇게 현실에서 상대와 조화롭게 합치하는 것을 도와 현묘하게 합일한다고 한다.

그러므로 이러한 현묘한 합일을 이룬 사람은 누구나 친해지려고 해도 친할 수 없고, 그렇다고 소홀히 여기지도 못하며, 이롭게 하지도 못하고, 해롭게 여기지도 못하며, 귀하게 여기지도 못하고, 천하게 여기지도 못하므로 인간의 힘으로 좌우할 수 없는 것이다. 따라서 이러한 생활의 원리는 천하에 더할 수 없는 가치가 되는 것이다.

56장이 말하고자 하는 것은 현동(玄同)과 현덕(玄德)과 진도(眞道)이다.

망언망지(忘言忘知)와 부지불언(不知不言)의 경지만이 도와 하나가 될 수 있다. 현동이 뜻하는 이러한 주장은 노자의 성격과 사고에 깊이 뿌리박은 원시적이고 감성적인 경향을 단적으로 나타내는 것이다.

제57장
바른 것으로 나라를 다스리고

以正治國 以奇用兵 以無事取天下 吾何以知其然哉
이정치국 이기용병 이무사취천하 오하이지기연재

以此 天下多忌諱 而民彌貧 民多利器 國家滋昏 人多
이차 천하다기휘 이민미빈 민다리기 국가자혼 인다

伎巧 奇物滋起 法令滋彰 盜賊多有 故聖人云 我無
기교 기물자기 법령자창 도적다유 고성인운 아무

爲而民自化 我好靜而民自正 我無事而民自富 我無
위이민자화 아호정이민자정 아무사이민자부 아무

欲而民自樸
욕이민자박

바른 것으로 나라를 다스리고, 기이함으로 군사를 쓰며, 일이 없는 것으로 천하를 취한다. 내가 무엇으로 그것이 그런 줄을 알겠는가, 이것에 의해서이다. 천하에 기휘하는 것이 많아서 백성이 더욱 가난하고, 백성에게 이기가 많아서 국가가 더욱 어둡다. 사람이 기교가 많아서 기이한 물건이 더욱 일어나고, 법령이 더욱 밝아져서 도적이 많다. 그러므로 성인이 말하기를, 자신이 하는 것이 없으면 백성이 스스로 화하고, 자신이 고요한 것을 좋아하면 백성이 스스로 바르고, 자신이 일이 없으면 백성이 스스로 넉넉하고 자신이 욕심이 없으면 백성이 스스로 순박해진다고 했다.

[語釋]
*기휘(忌諱) : 싫어하고 꺼리는 것.
*자혼(滋昏) : 혼미함이 더하다.

[大意]
　나라는 정의로 다스려야 하고, 군대는 기발한 전략으로 통솔해야 하며, 그 결과 얻은 무위로써 세상을 다스릴 수 있는 것이다. 내가 어떻게 그것을 알 수 있겠는가. 바로 자연의 도로 인해서 아는 것이다.

　대체로 세상에 규제하는 규칙이 많을수록 백성들은 생활에 장애가 많아서 가난해지고, 백성에게 편리한 문명의　이기가 많으면 나라의 질서가 혼란에 빠진다.

　백성들에게 여러 가지 재주가 많아지면 신기한 물건이 많이 나오게 되고, 그것들을 규제하는 법령이 많아져서 정비되면 될수록 그 법을 어기는 도둑은 더 늘어나기 마련인 것이다.

　따라서 이러한 이치를 터득한 성인이 말하기를, 자신이 인위적이 아닌 무위로 대하면 백성들은 스스로 감화되고, 자신이 묵묵히 하고자 하는 일만을 하고 가만히 있어도 백성이 스스로 바른 생활을 하게 된다고 했다.

또 자신이 언제나처럼 아무 일 없이 무위무사하면 백성들은 스스로 풍족하게 살고, 자신이 욕심을 부리지 않고 무욕하게 살면, 백성들이 스스로 통나무처럼 순박해진다고 했다.

57장은 노자의 정치관이 확실하게 서술되어 있다. 세상의 평안과 백성의 궁극적인 행복을 실현시키는 정치는 인위적인 것이 아닌 무위자연에 입각한 청정무욕(淸淨無欲)의 정치라는 것을 다시 한 번 강조했다.

노자에게 있어서 문명의 이기는 오히려 사회를 문란하게 할 뿐이고, 법령은 많고 자세할수록 그 법에 걸려서 죄인만 많아진다고 보았다. 자연스러운 생활의 파괴자는 오로지 '유위(有爲)의 정치'라고 생각한 노자는 무사정치(無事政治)만이 최상이라고 생각했다.

성서에도 '법이 생겨서 범죄는 늘어났지만 죄가 많은 곳에는 은총도 풍성하게 많이 내렸습니다. 그래서 세상에 군림하여 죽음을 가져다주었지만, 은총은 군림하여 우리 주 예수로 말미암아 모든 사람을 하느님과 올바른 관계에 있게 하고 영원한 생명에 이르게 합니다.'라고 하여 법보다는 무위무욕으로 세상을 다스리는 하느님에게 귀의할 것을 강조하고 있다.

제58장
그 정치가 민민하면 그 백성이 순순하고

其政悶悶 其民淳淳 其政察察 其民缺缺 禍兮福之所倚
기정민민 기민순순 기정찰찰 기민결결 화혜복지소의

福兮禍之所伏 孰知其極 其無正 正復爲奇 善復爲妖
복혜화지소복 숙지기극 기무정 정복위기 선복위요

人之迷 其日固久 是以聖人 方而不割 廉而不劌 直而
인지미 기일고구 시이성인 방이불할 염이불귀 직이

不肆 光而不燿
불사 광이불요

그 정치가 민민하면 그 백성이 순순하고, 그 정사가 찰찰하면 그 백성이 결결하다. 화는 복이 의지하는 바이고, 복은 화가 엎드리는 바이니, 누가 그 극을 알겠는가. 그 옳음이 없다. 정이 다시 기가 되고, 선이 다시 요가 되니,
사람이 헤맨 지 그날이 진실로 오래다. 이것으로 성인은 모나도 베지 않고, 깨끗해도 깍지 않고, 곧아도 방자하지 않고, 빛나도 번쩍이지 않는다.

[語釋]

*민민(悶悶) : 어둡다. 깨닫지 못하다.

*순순(淳淳) : 순박한 모양. 소박한 모양.

*찰찰(察察) : 잘 살피는 모양. 까다로운 모양.

*결결(缺缺) : 불안한 모양.

*선복위요(善復爲妖) : 바른 것이 다시 요사한 것으로 되돌아감.

*불할(不割) : 베지 않다. 나누어 구별하지 않다.

*염이불귀(廉而不劌) : 청렴하되 상처를 입히지 않음.

*사(肆) : 방자함.

[大意]

대범하게 도량이 넓은 정치는 그 백성들을 순박하게 하고, 반면에 정치가 너무 까다로워서 철저하게 살펴 밝히면 백성들이 순박함을 잃고 불안해진다.

세상의 모든 사물은 상대적이어서, 재앙은 복이 의지하는 원인이 되는 것이고, 복은 재앙이 숨는 곳이 된다. 누가 그러한 궁극적인 것을 알겠는가. 그런 정상적인 것은 없다. 바른 것이 돌아가서 기이한 것이 되기도 하고, 선한 것이 변하여 요사스러운 것으로 되기도 한다. 세상 사람들이 상대적인 이치를 깨닫지 못한 지 오래되었다.

따라서 성인은, 자신은 반듯하지만 남에게 그렇게 반듯하게 되라고 하지 않고, 자신이 날카로울 정도로 청렴하여도 그렇다고 남에게 상처를 주지 않으며, 자신이 정직하다고 남에게 방자하지 않고, 자신은 슬기가 밝게 빛나도 그것을 남에게 내 비치지 않는다.

57장에서는 무위의 도에 뿌리를 둔 '무사정치(無事政治)'를 설명했으며, 58장에서는 민민(悶悶)의 정치, 즉 분명하고 까다로운 규범을 세워 이론정연하게 행하는 정치에 상대적인 의미와 불신을 갖는, 감성적인 정치에 대해 말했다.

제59장
사람을 다스리고 하늘을 섬김에 있어서

治人事天 莫若嗇 夫唯嗇 是以早服 早服 謂之重積德

치인사천 막약색 부유색 시이조복 조복 위지중적덕

重積德 則無不克 無不克 則莫知其極 莫知其極 可以

중적덕 즉무불극 무불극 즉막지기극 막지기극 가이

有國 有國之母 可以長久 是謂深根固柢 長生久視之道

유국 유국지모 가이장구 시위심근고저 장생구시지도

사람을 다스리고 하늘을 섬김에 있어서 색(嗇)만한 것이 없다. 대저 오직 색 이것을 조복(早服)이라 이른다. 조복을 일러 거듭 덕을 쌓는다고 하며, 거듭 덕을 쌓으면 이기지 못할 것이 없다. 이기지 못할 것이 없으면 그 극을 모르고, 그 극을 모르면 그것으로 나라를 가질 수 없다. 나라를 갖는 어머니는 그것으로 장구한다. 이것을 심근고저 장생구시의 도라고 말한다.

[語釋]

*막약색(莫若嗇) : 검소함만 같지 못하다. 검소한 것이 제일 중요하다

는 말.

*중적덕(重積德) : 거듭해서 덕을 쌓음.

*무불극(無不克) : 이기지 못함이 없다. 되지 않는 것이 없다는 뜻.

*막지기극(莫知其極) : 그 끝을 알지 못함.

*모(母) : 여기에서는 근본, 즉 중적덕을 가리킴.

*심근고저(深根固柢) : 뿌리가 깊고 굳건함. 저는 굵은 뿌리를 말함.

*구시(久視) : 오래도록 본다는 말로, 오래 산다는 뜻.

[大意]

　　나라를 다스리는 사람이 백성을 거느리고 하늘을 섬김에 있어서 가장 중요한 것은 무리하지 않는 것이다. 무리를 하지 않는 것이 바른 도리를 터득하는 지름길이다. 바른 도리를 터득한다는 것은 덕을 거듭해서 쌓는 것을 말한다. 덕을 거듭해서 쌓아 가면 무슨 일이든 다 이룰 수 있다.

　　무엇이든 극복하지 못할 것이 없으면, 그 누구도 그 능력의 끝을 알 수 없다. 무한한 능력을 갖게 되면 나라를 지배하며 보존할 수 있는 것이니, 나라의 근본인 검소함이 나라를 오래 보존하게 하는 것이다. 이것을 뿌리를 깊게 하고 굳건하게 하여 세월이 지나도 사라지지 않는 심근고저의 도라 한다.

　　59장에서는 색(嗇)의 정치에 대해서 말했다. 색이란 자신의 것을 거두어 들여서, 낭비하지 않고 무리하지 않고, 조심한다는 뜻을 함께 가진 말이다.

노자는 이 장에서 농촌 생활을 하는 백성들의 검소함과 단절하는 사고, 곧 색의 정치를 전개했다.

도가 갖는 무위무욕을 인간의 궁극적인 이상으로 하는 노자에 있어서, 검소함과 단절의 원리인 '인색'의 실천은 도의 근원에 복귀하는 최선의 방법이다.

그 때문에 그에 있어서의 검소함은 하늘을 섬기며 도에 복종하는 것이고, 거듭해서 덕을 쌓는 것이며, 나라를 다스리는 바른 도리인 것이다.

이 장에서 노자는 인색함의 원리와 그의 무위자연의 정치 철학과의 관계를 간결하게 설명했다.

노자의 철학이 반드시 인색함과 결부되는 것은 아니지만, 그 철학 안에 인색함과 결부되는 요소가 포함되어 있는 것을 부정할 수는 없다.

노자의 철학이 인색한 것과 어느 정도의 필연적인 관계를 가지는가는 제쳐 놓는다고 하더라도, 여기에서는 이 철학이 단순한 관념만을 논하는 것이 아니라, 현실의 생활에 항상 대처하는 힘을 갖는다는 것을 주목해야 할 필요가 있다.

무(無)와 무위(無爲)를 강조하는 노자의 철학이지만, 그것은 그 철학이 가지는 유(有)와 유위(有爲)에 대한 역설적인 표현이라는 일면을 볼 수 있는 것이다.

제60장
큰 나라를 다스림은 작은 생선을 삶는 것과 같다

治大國 若烹小鮮 以道莅天下 其鬼不神 非其鬼不神

치대국 약팽소선 이도리천하 기귀불신 비기귀불신

其神不傷人 非其神不傷人 聖人亦不傷人 夫兩不相傷

기신불상인 비기신불상인 성인역불상인 부양불상상

故德交歸焉

고덕교귀언

　　큰 나라를 다스림은 작은 생선을 삶는 것과 같다. 도로써 천하에 다다르면 그 혼이 신령하지 못하다. 그 귀신이 신령하지 못한 것이 아니라, 그 신령함이 사람을 상하게 하지 않는다. 그 신령함에 사람이 상하지 않을 뿐만 아니라 성인도 또한 사람을 상하게 하지 않는다. 대저 둘 다 상하지 않는 고로 덕이 사귀어 돌아간다.

[語釋]
*약팽소선(若烹小鮮) : 작은 생선을 삶는 것과 같음. 여기에서는 까다

로운 인위적 정치를 하지 않는다는 말.

*이도이천하(以道莅天下) : 도로써 천하에 임하다.

*불신(不神) : 신묘하지 못하다.

*신불상인(神不傷人) : 신령함은 사람을 상하게 하지 못함.

*량(兩) : 여기에서는 신묘한 귀신과 백성을 다스리는 성인.

[大意]

　큰 나라를 다스리는 것은 마치 작은 물고기를 삶는 것처럼 조심스러운 것이다.

　도로써 세상을 다스리면, 귀신이 있다고 해도 그 신령한 힘을 잃는다. 그 귀신의 힘이 신묘하지 못한 것이 아니라, 신묘한 그 힘이 백성을 해치지 못하는 것이다. 다시 말하자면 귀신의 힘이 사람을 해치지 못할 뿐만 아니라, 무위의 도를 터득한 성인의 다스림도 역시 사람을 해치지 못한다. 대저 귀신과 성인이 서로 백성을 해치지 못하므로, 그 두 은덕이 서로 어울려서 백성에게 돌아가 나라가 다스려지는 것이다.

　60장 역시 노자의 정치에 대한 사상을 논한 것이다. 여기에서 말하는 '약팽소선(若烹小鮮)'은 무위자연의 정치를 이르는 것이며, 전장에서와 마찬가지로 농촌의 정취가 느껴지는 장이다. 그리고 이 장은 대국을 다스리는 정치론이 다음에 나오는 소국과민의 정치론과 어떠한 연결 관계를 가질 것인지 문제가 남는 장이다.

제61장
대국은 하류여서 천하의 교류이고

大國者下流 天下之交 天下之牝 牝常以静勝牡 以静爲下
대국자하류 천하지교 천하지빈 빈상이정승모 이정위하

故大國以下小國 則取小國 小國以下大國 則取大國
고 대국이하소국 즉취소국 소국이하대국 즉취대국

故或下以取 或下而取 大國不過 欲兼畜人 小國不過
고 혹하이취 혹하이취 대국불과 욕겸축인 소국불과

欲入事人 夫兩者 各得其所欲 大者宜爲下
욕입사인 부량자 각득기소욕 대자의위하

대국은 하류여서 천하의 교류이고, 천하의 암컷이다. 암컷은 항상 고요함으로 수컷을 이기고, 고요함으로 아래에 있다. 그러므로 대국으로써 소국에 낮추면 소국을 얻고, 소국으로써 대국에 낮추면 대국을 얻는다. 그러므로 혹은 낮춤으로써 얻고, 혹은 낮게 하여 얻는다. 대국은 사람을 아울러 기르고자 하는 것에 지나지 않고, 소국은 들어가 사람을 섬기고자 하는 것에 지나지 않는다. 대저 둘이 각각 그 하고자 하는 바를 얻으려면,

큰 것이 마땅히 낮춰야 한다.

[語釋]
*천하지교(天下之交) : 천하의 모든 교류.
*취소국(取小國) : 작은 나라의 민심을 얻다.
*겸축인(兼畜人) : 아울러서 사람을 먹여 살림.
*욕입사인(欲入事人) : 들어가서 사람을 섬김.

[大意]
 큰 나라는 강의 하류와 같아서 세상의 모든 흐름이 만나는 곳이고, 또한 세상의 만물을 낳는 암컷으로서의 역할이기도 하다. 암컷은 항상 평안함으로 수컷을 이기고, 침묵을 지켜 겸손함으로 수컷의 아래에 자리한다.

 따라서 큰 나라가 작은 나라에 자신을 낮추면 작은 나라의 복종과 신뢰를 얻게 되고, 작은 나라가 큰 나라에게 자신을 낮추게 되면 큰 나라가 보호하며 작은 나라를 받아들인다.

 어떤 때는 큰 나라가 낮은 자세를 취해서 작은 나라를 받아들이고, 또 어떤 때는 작은 나라가 낮은 자세를 취하여 큰 나라에 받아 들여져서 안전의 보장을 받는다.

 큰 나라나 작은 나라나 다 같이 바라는 것은, 큰 나라는 작은 나라를 병합하여 그 백성을 기르려는 것뿐이고, 작은 나라는 큰 나라의 세력에 속하여 섬기면서 오래도록 보호를 받고자 할

뿐이다. 따라서 만약에 큰 나라와 작은 나라 양쪽이 서로 바라
는 대로하고 싶다면, 큰 나라가 마땅히 겸손하여 아래에 처신
해야 한다.

61장 역시 강대국과 약소국의 관계에 대한 노자의 정치론에
대해서 설명했다. 강대국과 약소국의 관계는 서로 부정하는 이
율배반적인 관계가 아니라, 서로가 이해하며 협조하는 관계라
는 것이다.

제62장
도는 만물의 근원으로 착한 사람의 보배요

道者 萬物之奧 善人之寶 不善人之所保 美言可以市尊
도자 만물지오 선인지보 불선인지소보 미언가이시존

行可以加人 人之不善 何棄之有 故立天下 置三公
행가이가인 인지불선 하기지유 고립천하 치삼공

雖有拱璧以先駟馬 不如坐進此道 古之所以貴此道者何
수유공벽이선사마 불여좌진차도 고지소이귀차도자하

不曰以求得 有罪以免邪 故爲天下貴
불왈이구득 유죄이면사 고위천하귀

도는 만물의 근원으로 착한 사람의 보배요, 착하지 못한 사람을 보존해 주는 것이다. 아름다운 말은 높은 것을 살 수 있고, 아름다운 행실은 사람에게 더할 수 있다. 사람이 착하지 못하다고 어찌 버리겠는가. 그러므로 천자를 세우고 삼공을 두면, 비록 공벽으로 사마를 앞세워 하는 일이 있어도 앉아서 이 도를 진상(進上)하는 것과 같지 않다. 옛날에 이 도를 귀히 여긴 까닭은 무엇이겠는가. 구함으로 얻고 죄로써 면한다 말하지 않는가. 그러므로 천하의 귀한 것이 되는 것이다.

*도자만물지오(道者萬物之奧) : 도는 만물의 근본을 이루는 깊은 속.

*소보(所保) : 몸을 보존함.

*가인(加人) : 다른 사람에게 영향을 끼치다.

*치삼공(置三公) : 옛날 가장 높은 벼슬인 태사(太師)와 태부(太傅)와
태보(太保)를 말함.

*공벽(拱璧) : 구슬을 두 손으로 받쳐 듦.

*좌진차도(坐進此道) : 무릎을 꿇고 앉아서 도의 이치를 진상함.

[大意]

　도는 세상 만물의 깊은 근원이 되는 것이다. 그러므로 선한
사람이나 악한 사람에게 다 같이 없어서는 안 되는 소중한 것
으로, 선한 사람은 귀하게 여겨 보물로 하는 것이고, 선하지 못
한 사람도 도의 덕으로 인하여 몸을 보존하게 된다.

　도에서 나오는 훌륭하고 아름다운 말은 그것을 진언함에 따
라서 누구나 귀한 신분이나 높은 지위를 얻을 수 있고, 또 그것
을 실행함으로써 남에게 혜택을 줄 수 있는 것이다. 그러므로
선하지 않은 사람이라고 어찌 버릴 수 있겠는가.

　한 나라에 임금을 받들어 세우고 삼공을 두어 그 나라를 다
스림에 있어서, 한 아름의 귀한 구슬을 받들어 사두마차로 나

아가 바치는 것보다는, 가만히 앉아서 세상만물의 근원인 도를 진언하는 것이 세상을 이롭게 하는 데는 더 나은 것이다.

예부터 이러한 도를 귀하게 여긴 것은 무슨 까닭인가. 선하지 못한 사람도 도를 지키면 구하지 않아도 얻어지고, 비록 죄가 있다고 해도 도에 의하여 용서를 받을 수 있기 때문이다. 그러므로 세상에서 도를 가장 귀하게 여긴 것이다. 그렇기 때문에 도는 만물의 선함과 선하지 못함을 가리지 않고 허심으로 받아들여 어느 것도 버리지 않으며, 어느 것도 버리지 않기에 나라를 다스림에는 최상의 원리이고, 세상 사람들의 행복을 실현시키는 최고의 가치라는 것을 분명히 했다.

62장에서는, 도는 만물을 차별하지 않고 포용하는 근본적인 원리라는 것을 설명했다. 62장은 4장과 27장, 그리고 49장과 밀접한 관련이 있고, 끝맺음의 고위천하귀(故爲天下貴)는 56장과 똑같다.

제63장
무위로 하고, 일이 없는 것을 일로 하며

爲無爲 事無事 味無味 大小多少 報怨以德 圖難於其易

위무위 사무사 미무미 대소다소 보원이덕 도난어기이

爲大於其細 天下難事 必作於易 天下大事 必作於細

위대어기세 천하난사 필작어이 천하대사 필작어세

是以聖人 終不爲大 故能成其大 夫輕諾必寡信 多易

시이성인 종불위대 고능성기대 부경낙필과신 다이

必多難 是以聖人猶難之 故終無難矣

필다난 시이성인유난지 고종무난의

무위로 하고, 일이 없는 것을 일로 하며, 무미를 맛으로 한다. 작은 것을 크게 하고, 적은 것을 많게 하고, 원한을 갚기를 덕으로 한다. 어려운 것을 그 쉬운 데서 도모하고, 큰 것을 그 세밀한 것에서 한다. 천하의 어려운 일은 반드시 쉬운 데서 일어나고, 천하의 큰일은 반드시 작은 데서 일어난다. 이로써 성인은 끝내 큰 것은 하지 않으니, 그러므로 능히 그 큰 것을 이룬다. 대저 가벼운 승낙은 반드시 믿음이 적고, 쉬운 일이 많으면 반드시 어려움이 많다. 이처럼 성인은 오히려 어려워하므로, 마침내 어려움이 없다.

[語釋]

*사무사(事無事) : 일이 없음을 일로 삼다.

*미무미(味無味) : 맛이 없는 것을 맛보다.

*필작어이(必作於以) : 반드시 생기다.

*유난지(猶難之) : 더 어렵게 여기다.

*종무난(終無難) : 끝내 어려움을 당하지 않다.

[大意]

　무엇이나 억지로 하지 않고, 무슨 일이든 일이 없는 것처럼 처리하며, 가미가 된 맛보다는 본래의 자연스러운 맛을 맛으로 한다. 큰일은 작은 것에서 일어나고, 많은 것은 적은 것에서 생기니, 작은 것에 크게 하고, 적은 것을 많게 하고, 원한은 덕으로 갚아서 체득한다.

　어려운 일은 더 어려워지기 전에 쉬운 것부터 손을 쓰고, 큰일을 이루는 경우에도 작은 일부터 해결한다. 이 세상에 아무리 어려운 일이라도 항상 쉬운 일이 겹쳐서 시작이 되고, 큰일은 언제나 작은 일이 쌓여서 시작이 되기 때문이다.

　그러므로 무위의 성인은 평소에 작은 일이라도 소중하게 여기고, 결코 한꺼번에 큰일을 하려 하지 않으며, 그렇게 함으로써 큰일을 성취하는 것이다.

　대체로 쉽게 하는 승낙은 믿음이 적고, 쉽다고 생각하면 반
드시 어려움이 따르게 된다. 그러므로 성인은 쉬운 일도 어려
운 일을 하듯이 조심하여 하기 때문에 결국에는 어려운 일을
당하지 않는 것이다.

　63장에서도 여러 장에서 말했듯이, 도의 작용과 성인의 생활
태도에 대해서 설명했다.

제64장
그 편안함은 유지하기가 쉽고

其安易持 其未兆易謀 其脆易泮 其微易散 爲之於未有
기안이지　기미조이모　기취이반　기미이산　위지어미유

治之於未亂 合抱之木 生於毫末 九層之臺 起於累土
치지어미란　합포지목　생어호말　구층지대　기어누토

千理之行 始於足下 爲者敗之 執者失之 是以聖人
천리지행　시어족하　위자패지　집자실지　시이성인

無爲故無敗 無執故無失 民之從事 常於幾成而敗之
무위고무패　무집고무실　민지종사　상어기성이패지

愼終如始 則無敗事 是以聖人 欲不欲 不貴難得之貨
신종여시　칙무패사　시이성인　욕불욕　불귀난득지화

學不學 復衆人之所過 以輔萬物之自然 而不敢爲
학불학　복중인지소과　이보만물지자연　이불감위

그 편안함은 유지하기가 쉽고, 그 조짐이 없어도 꾀하기 쉬우며, 그 무른 것은 풀리기 쉽고, 그 미약한 것은 흩어지기 쉽다. 있지도 않은 것에서 하고, 어지럽지 않은 것에서 다스리며,

아름드리나무도 싹에서 생겨나고, 구 층 대도 쌓아 놓은 흙에서 일어나며, 천리 길도 발아래에서 시작된다. 하려는 사람은 패하고, 잡으려는 사람은 잃는다. 이에 성인은 하려는 일이 없으므로 패하는 일이 없고, 잡으려는 일이 없으므로 잃는 일이 없다. 사람은 항상 일을 좇아 하다가 거의 이루면서 실패한다. 끝을 조심하기를 처음같이 하면 일에 실패하는 일이 없다. 이로써 성인은 욕심이 없는 것을 욕심으로 하고, 얻기 어려운 물건을 귀하게 여기지 않으며, 배우지 않는 것을 배워 뭇사람이 지나친 바를 돌이키고, 만물로 자연을 도와 감히 하지 않는다.

[語釋]
*미조이모(未兆易謀) : 아직 조짐이 없는데 도모하기 쉬움.

*미이산(微易散) : 작은 것은 흩어지기 쉬움.

*합포지목(合抱之木) : 아름드리나무.

*호말(毫末) : 터럭의 끝. 싹.

*누토(累土) : 흙을 쌓음.

*기성(幾成) : 거의 이루어짐. 성취에 다다름.

*복(復) : 근본적인 것으로 되돌리다.

*불감위(不敢爲) : 감히 하지 않음. 억지로 하지 않음.

[大意]
　안정이 된 것은 유지하기가 쉽고, 아직 그 조짐이 나타나기

전에는 일을 처리하기가 쉬우며, 굳어지지 않아서 연약한 것은 풀기가 쉽고, 드러나지 않는 작은 것은 흩어지기가 쉽다. 그래서 좋지 않은 일이 생기기 전에 미리 알아서 처리를 하고, 더 어지러워지기 전에 대비해서 잘 수습하여 다스리는 것이 중요하다.

아름드리나무도 털끝만한 싹에서부터 생겨나고, 아홉 층의 높은 대도 흙을 쌓는 것에서 시작되며, 천 리 길을 가는 것도 한 걸음부터 시작된다. 평상시에 신중한 노력이 필요한데도 쉽게 이루려고 애를 쓰는 사람은 실패를 하고, 성과에 집착하게 되면 이루려던 것을 잃게 된다. 그래서 성인은 무리하지 않기 때문에 실패가 없고, 집착하지 않기 때문에 잃어버리지 않는다.

사람들은 일을 함에 있어서 항상 다 되어가고 있을 때 실패하게 되는 경우가 많다. 이것은 도리를 모르는 욕심 때문이다. 끝마무리를 처음처럼 한다면 실패하는 일이 없을 것이다.

이러한 이유로 성인은 욕심이 없는 것을 욕심으로 하고, 얻기 어려운 재화를 귀하게 여기지 않으며, 널리 배우지 않는 것을 배워서 세상 사람들의 지나친 행동을 본래의 소박한 상태로 되돌리고, 만물의 모습을 그대로 있게 하여 억지를 부리지 않는 것이다.

64장도 성인의 신중하게 생각하는 삶의 태도에 대하여 설명했다. 이것은 노자의 무위사상의 밑바탕에 깔린 인생에 대한 날카로운 응찰이라고 할 수 있다.

제65장

옛날에 바르게 도를 행하는 사람은

古之善爲道者 非以明民 將以愚之 民之難治 以其
고지선위도자　비이명민　장이우지　민지난치　이기

智多 故以智治國 國之賊 不以智治國 國之福 知此
지다　고이지치국　국지적　불이지치국　국지복　지차

兩者 亦稽式 常知稽式 是謂元德 元德深矣遠矣 與物
양자　역계식　상지계식　시위원덕　원덕심의원의　여물

反矣 然後乃至大順
반의　연후내지대순

　　옛날에 바르게 도를 행하는 사람은 그것으로 백성을 밝게 하려 한 것이 아니고, 장차 어리석게 하려고 했다. 백성이 다스리기 어려운 것은 그 지혜가 많아서이다. 그러므로 지혜로 나라를 다스리는 것은 나라의 적이요, 지혜로 나라를 다스리지 않는 것이 나라의 복이다. 이 둘을 아는 것도 또한 법도이다. 항상 법도를 아는 이것을 일러서 현덕이라고 하는데, 현덕은 깊고도 멀다. 물(物)과 더불어 반(反)하며, 그런 뒤에야 곧 대순

(大順)에 이른다.

[語釋]
*선위도자(善爲道者) : 도를 터득하여 행하는 사람.
*명민(明民) : 백성을 현명하게 만듦.
*국지적(國之賊) : 나라를 해치는 도둑.
*계식(稽式) : 법칙. 법도. 규범. 표준.
*대순(大順) : 위대한 도에 따르는 것.

[大意]
옛날에 무위의 도를 잘 닦은 사람은 그것으로써 백성들을 깨치려고 하지 않고, 백성들을 장래에 순박하게 하려고 했다. 백성들을 다스리기 어려운 것은 그들에게 영특한 지혜가 많기 때문이다. 따라서 예부터 지혜를 숭상하여 지혜로 다스리면 나라에 해롭고, 지혜를 존중함으로써 지혜로 다스리지 않는 것이 나라에 복이 된다고 했다.

이 두 가지가 다 다스림의 법칙임을 알아야 하며, 능히 이 법칙을 아는 것을 현묘한 덕이라고 한다. 현묘한 덕은 깊고 넓어서 모든 사물을 순박한 근원으로 되돌리고 마침내 도의 순리에 이르게 한다.

65장은 우민정치(愚民政治)를 주장한다는 물의를 빚은 장이기도 하지만, 흔히 말하는 우민정치와는 그 차원을 달리한다.

노자가 말하는 '어진 것[賢]'은 역설적으로 표현해서 '어리석은 것'[愚]이고, '깨달음이 없다는 것'[無知]은 '참으로 아는 것'[眞知]을 의미하는 것이다.

제66장
강과 바다가 능히 백곡의 왕이 되는 것은

江海所以能爲百谷王者 以其善下之 故能爲百谷王
강 해 소 이 능 위 백 곡 왕 자　이 기 선 하 지　고 능 위 백 곡 왕

是以欲上民 必以言下之 欲先民 必以身後之 是以聖人
시 이 욕 상 민　필 이 언 하 지　욕 선 민　필 이 신 후 지　시 이 성 인

處上而民不重 處前而民不害 是以天下樂推而不厭
처 상 이 민 부 중　처 전 이 민 불 해　시 이 천 하 낙 추 이 불 염

以其不爭 故天下莫能與之爭
이 기 부 쟁　고 천 하 막 능 여 지 쟁

　강과 바다가 능히 백곡의 왕이 되는 것은, 그것이 아래에 자리하기 때문이다. 그래서 능히 백곡의 왕이 되는 것이다. 이에 백성의 위가 되고자 하면 반드시 말로써 내리고, 백성의 앞이 되고자 하면 반드시 몸으로써 뒤에 한다. 이것으로 성인은 위에 있어도 백성이 무겁다 하지 않고, 앞에 있어도 백성이 해롭다 하지 않으며, 천하가 기꺼이 떠받들고 싫어하지 않는다. 그 다투지 않는 까닭으로 천하에 능히 더불어 싸울 사람이 없다.

*백곡(百谷) : 모든 골짜기. 여기에서는 모든 골짜기에서 흘러내리는 물이라고 할 수 있음.

*욕상민(欲上民) : 백성의 위에 서려고 함.

*처상이민부중(處上而民不重) : 윗자리를 차지하고 있지만 백성이 이를 부담스러워하지 않음.

*낙추이불염(樂推而不厭) : 즐거이 추대해서 싫어하지 않음.

*막능여지쟁(莫能與之爭) : 더불어 감히 다투지 못함.

[大意]

  긴 강과 큰 바다가 수많은 골짜기의 왕이 될 수 있는 것은, 그것이 가장 낮은 곳에 자리 잡고 있기 때문이다. 따라서 모든 골짜기의 물이 낮은 곳에 자리 잡은 강과 바다로 흘러가서 골짜기의 왕이 되는 것이다.

  그러므로 성인이 백성의 윗자리에 있고자 한다면 반드시 백성의 신망을 얻을 수 있는 겸손한 말로 자신을 낮추고, 백성의 앞에 서서 이끌고자 한다면 반드시 백성의 이익을 먼저 생각하고 자신의 일은 뒤에 두어야 한다.

  그렇게 함으로써 성인이 백성의 윗자리에 있어도 백성들은 부담스러워 하지 않고, 성인이 앞에 서도 방해가 된다고 여기지 않는다. 따라서 세상 사람들이 기꺼이 그를 받들면서도 싫어하지 않는 것이다. 그것은 그가 백성과 다투려 하지 않기 때문이며, 세상의 사람들 중에 그 누구도 그와 다툴 수가 없게 되는 것이다.

66장은 8장에서처럼 부쟁(不爭)의 덕을 물에 비유해서 설명했다. 7장이나 22장, 32장과 유사해서 중복되는 감이 있고, 사상적인 표현도 같다.

제67장
천하가 다 이르기를 나의 도는 커서

天下皆謂 我道大似不肖 夫唯大故似不肖 若肖久矣
천하개위 아도대사불초 부유대고사불초 약초구의

其細也夫 我有三寶 持而保之 一曰慈 二曰儉 三曰不
기세야부 아유삼보 지이보지 일왈자 이왈검 삼왈불

敢爲天下先 慈故能勇 儉故能廣 不敢爲天下先 故能
감위천하선 자고능용 검고능광 불감위천하선 고능

成器長 今舍慈且勇 舍儉且廣 舍後且先 死矣 夫慈
성기장 금사자차용 사검차광 사후차선 사의 부자

以戰則勝 以守則固 天將救之 以慈衛之
이전즉승 이수즉고 천장구지 이자위지

천하가 다 이르기를 나의 도는 커서 불초한 것 같다고 한다. 대저 오직 크므로 불초한 것 같고, 만일 불초하지 않으면 그 작은 것이 오래 갈 것이다. 나에게 세 보배가 있어 지니고 소중히 하니, 첫째가 사랑, 둘째는 검소함, 셋째는 감히 천하의 앞이 되지 않는 것이다. 사랑하므로 능히 용감하고, 검소하므로 능

히 넓고, 감히 천하의 앞이 되지 않으므로 능히 기장(器長)이
된다. 이제 사랑을 버리고 또 용감해지려고 하고, 검소를 버리
고 또 넓어지려 하고, 뒤를 버리고 또 먼저 하려고 하면 죽게
된다. 대저 사랑이란 싸움으로 이기고, 지키므로 견고하다. 하
늘이 장차 구하려 하고, 자비로움으로 지킨다.

[語釋]
*불초(不肖) : 어리석음. 부모를 닮지 못해 똑똑하지 않다는 말.
*초(肖) : 불초에 반대되는 말로, 현명하다는 뜻.
*기장(器長) : 기는 능력이 있거나 유용한 사람이라는 뜻으로, 임금을
말함.
*사자차용(舍慈且勇) : 인자함을 버리고 장차 용감해지려고 함. 여기
에서 사는 사(捨)와 같아서 버린다는 뜻.
*사후차선(捨後且先) : 뒤로 물러서는 것을 버리고 다시 앞서려고 함.
*이자위지(以慈衛之) : 자비로움으로 지키다.

[大意]
　세상 사람들이 말하기를 나의 도는 크기는 하지만 현명하지
못하다고 한다. 그러나 크기 때문에 도처럼 현명해 보이지 않
는 것이고, 만일 현명해 보였다면 도는 오래 전에 보잘 것 없는
존재가 되었을 것이다.
　나에게 세 가지 보물이 있어서 간직하고 소중히 여긴다. 그

첫째가 자비심이고, 둘째는 낭비하지 않는 검약이며, 셋째는 사람들 앞에 감히 나서지 않는 것이다.

자비심이 있으므로 자신을 희생하여 용감할 수 있고, 검약하기 때문에 축적해 두었다가 널리 베풀 수 있고, 남의 앞에 서지 않기 때문에 능력이 있는 사람들의 우두머리가 될 수 있는 것이다. 그러나 사람들은 자비심을 버리고 용감해지려고 하고, 검소함을 버리고 베풀려고 하며, 뒤에 따르지는 않으면서 앞장을 서려고 하다가 결국에는 실패하게 된다.

한 나라의 군주가 백성을 사랑하여 신망을 얻고, 그 자비심을 가지고 싸우면 승리할 수 있고, 그 자비심으로 지키면 견고하게 지켜지는 것이니, 세상사람 모두가 그의 편이 되는 것은 하늘이 그를 도와줄 것이므로 결국 자비심으로 나라를 보호하는 것이다.

67장은 노자의 '유약겸허(柔弱謙虛)라는 처세 철학을 정리한 것으로, 주장하는 사상이나 발상 등 여러 가지가 당시의 정치가들을 대상으로 한 정치적 경향이 강하게 나타나 있다. 여기에서 말하는 자(慈)는 유가에서 말하는 인(仁)에 가깝고, 불가의 자비(慈悲)와 같으며, 검(儉)은 59장의 색(嗇)과 같은 뜻이다. 우리가 분명하게 알고 넘어가야 할 것은 중국 춘추대의 사상가들이 누구를 상대로 주장하는 자신의 논설인가라는 점이다. 당시는 사상과 문화의 수요나 공급에 있어서 그 어느 분야에서도 지도층의 사람들이 하는 것으로, 이른 바 그들을 사대부라 불렀다. 따라서 사대부는 한 나라의 가신(家臣)이었으며, 누구든 그 나라의 정치에 참여하는 사람들이었다. 물론 참여하는 분야나 방법에는 여러 가지 차이가 있었지만, 그들의 최대 관심사는 어떻게 하면 백성을 잘 다스려 나라를 태평성대로 이끄느냐에 있었다.

또 사상가들은 자신이 주장한 말이 군주에게 인정되어 채용되는 것을 기대하고 활동했다. 그들의 말은 상황에 따라서 군왕이나 재상을 향한 진언(進言)의 형식을 취하는 것이었다.

노자의 경우도 이러한 당시 사회의 한 사람인 이상 군왕이나 사대부를 상대로 하여 진언했고, 관심 또한 정치를 떠날 수 없었던 것이다. 물론 그가 정치가가 아니고 일반백성 중의 한사람이었다 해도 그가 상대하는 사람은 정치가였다. 따라서 그의 말에는 백성들이 가진 공통의 괴로움이나 문제가 제기되고 있었다.

결국 도에는 당시의 정치가들이 가진 특이한 문제나 고뇌에 대에 답하고자 하는 부분과, 훨씬 일반적인 의문이나 문제에 대하여 답하고자 하는 부분이 있었다. 그러나 사상의 공급자도 수요자도 모두가 당시의 사대부들이었으므로, 사상의 표현이나 발산 등에서 여러 가지 정치적 경향이 강하게 배어나는 것은 어쩔 수 없는 부분이다.

제68장
바르게 선비가 된 사람은 무력을 쓰지 않고

善爲士者不武 善戰者不怒 善勝敵者不與 善用人者
선 위 사 자 불 무 선 전 자 불 노 선 승 적 자 불 여 선 용 인 자

爲之下 是謂不爭之德 是謂用人之力 是謂配天古之極
위 지 하 시 위 부 쟁 지 덕 시 위 용 인 지 력 시 위 배 천 고 지 극

바르게 선비가 된 사람은 무력을 쓰지 않고, 잘 싸우는 사람은 성내지 않으며, 적을 잘 이기는 사람은 함께 하지 않고, 사람을 잘 쓰는 사람은 아래가 된다. 이를 일러 다투지 않는 덕이라 하고, 이를 일컬어서 사람의 힘을 이용한다 하며, 이를 일러 하늘에 짝한다고 하니, 이것이 옛날의 극치이다.

[語釋]

*불무(不武) : 무력을 쓰지 않음.

*배천(配天) : 하늘의 도리와 일치함.

*고지극(古之極) : 예부터 전해오는 도의 극치.

[大意]

　참된 무사가 함부로 무술 솜씨를 보이지 않듯이 훌륭한 선비는 무력을 쓰지 않고, 참으로 싸움을 잘하는 사람은 가볍게 화를 내거나 흥분하지 않으며, 참으로 적을 잘 이기는 사람은 적과 정면으로 싸우지 않고, 참으로 사람을 가장 잘 쓰는 사람은 겸손하게 몸을 낮추고 남의 아래에 처신한다. 이러한 것을 다투지 않는 덕이라 하고, 이것을 사람의 힘을 잘 이용하는 것이라 하는데, 이것은 하늘의 도리를 잘 따르는 것으로, 옛날의 도의 극치에 이르는 것이라고 한다. 68장은 사람을 참된 강자를 만든다는 '유약부쟁지덕(柔弱不爭之德)에 대하여 설명했다.

　노자는 큰 나라에서 필요하다는 요청을 받아 부쟁지덕(不爭之德)을 역설한 바 있다. 그는 무위자연의 도는 광대무변하고, 그 작용은 인간의 모든 영역에서 공평하게 미치는 것이므로, 하찮은 인위적 작위는 마치 억지를 부리는 것과 같아서 영구적이지 못하며, 절대로 무위 곧 유약(柔弱)을 이기지 못한다고 설명한 것이다.노자가 살던 시대는 긴 역사가 흐르는 가운데 끊임없이 진행되어 온 국가의 대국화로 인하여 여러 작은 나라의 병합은 대국을 더욱 강하게 하였고, 대국과 소국과의 사이에 끊임없는 항쟁이 심하던 시대였다. 이러한 당시의 정세를 타결하기 위해 여러 가지 사상이 나타났으며, 그 중에서도 노자의 것은 다른 제자백가(諸子百家)와는 달리 독자적인 특징을 가졌는데, 물론 그 사상의 기본이 무위자연의 도였다.

제69장

군사를 쓰는 데에 있어서 말이 있기를

用兵有言 吾不敢爲主而爲客 不敢進寸而退尺 是謂
용병유언 오불감위주이위객 불감진촌이퇴척 시위

行無行 攘無臂 執無兵 扔無敵 禍莫大於輕敵 輕敵
행무행 양무비 집무병 잉무적 화막대어경적 경적

幾喪吾寶 故抗兵相加 哀者勝矣
기상오보 고항병상가 애자승의

군사를 쓰는 데에 있어서 말이 있기를, 자신이 감히 주인이 될 수 없어 객이 되고, 감히 치[寸]를 나아가지 않고 자[尺]를 물러난다고 했다. 이를 일러 행렬이 없이 행군하고, 팔이 없는데도 걷어붙이며, 병기가 없어도 잡고, 적이 없어도 무찌른다고 한다.

화는 적을 가벼이 여기는 것보다 큰 것이 없다. 적을 가벼이 여기면 자신의 보배를 거의 잃게 된다. 그러므로 군사를 일으켜 서로 더하면 슬퍼하는 사람이 이긴다.

*용병(用兵) : 군사를 씀, 즉 병법을 이르는 말.

*위객(爲客) : 손님처럼 피동적으로 행동함.

*행무행(行無行) : 행렬이 없이 행군함. 가지 않으나 간다는 말.

*양무비(攘無臂) : 팔이 없는데 걷어 올림.

*잉무적(扔無敵) : 적이 없는데 적을 무찌르다. 적의(敵意)가 없는 적과 싸움을 이르는 말.

*기상오보(幾喪吾寶) : 나의 보배를 잃음. 생명과 재산 등을 잃는 다는 말.

*항병상가(抗兵相加) : 군사를 일으켜 서로 공격을 가함.

*애자(哀者) : 슬퍼하는 사람.

[大意]

병법에 이런 말이 있다. 공격에는 자신이 주도권을 잡지 말고 상대편에서 먼저 공격하게 하여 그것에 대응하는 입장을 취하고, 한 치를 전진하는 것보다 오히려 한 자쯤 물러난다. 그렇게 하면 상대가 섣불리 공격을 하지 못하게 된다는 것이다. 이렇게 하는 것을 가리켜서 전진하지 않는 듯하면서 전진하고, 팔이 없이 휘두르며, 없는 병기를 휘둘러서 보이지도 않는 적을 꺾어 누른다고 한다. 병법에 또 이런 말이 있다. 적을 가볍게 여기는 것보다 더 큰 재앙은 없는 것이니, 적을 가볍게 보게 되면 전쟁이 일어나서 자신의 소중한 모든 것을 잃게 된다. 또한 군사를 일으켜서 서로 싸우게 되면 싸우는 것을 비통하게 생각하여 피하는 쪽이 승리하게 된다.

앞의 68장에서는 부쟁의 덕에 대해서 설명하였고, 69장에서는 용병의 비결, 즉 병법에 대해서 설명했다.

이 장에서는 용병의 비결이 감히 주동이 되지 않고 피동적 입장이 되어 저쪽에서 먼저 공격하게 해 놓고 부득이 대응하는 입장, 즉 먼저 공격하는 것보다는 오히려 물러서는 것, 적을 가벼이 보지 않는 것. 전쟁 그 자체를 인류의 최대 재앙으로 생각하여 슬퍼하는 마음가짐을 근본으로 할 것 등에 대하여 설명했다. 이 말은 전쟁이 비참한 재앙이라는 것을 생각하여 전쟁의 비통함을 뼈저리게 느껴야 하며, 될 수 있는 한 희생을 피하려고 하는 성인이 결과적으로 승리한다는 진리를 설명하고 있다. 결코 전쟁이 평화의 수단에서 벗어나서는 안 된다는 것이다. 따라서 노자는, 이 장에서 말한 불감위주이위객(不敢爲主而爲客)이라는 말처럼 절대적인 전쟁을 부정하는 입장은 아니고, 부득이한 전쟁은 인정했다고 볼 수 있다.

무위자연에 입각한 수동적인 전쟁을 인정하는 데에 노자사상의 중요성이 있는 것은 아니다. 무위의 도에 의하여 전쟁을 이겨 넘자고 하는 것이다. 병법에 능한 전략가는 전쟁 그 자체의 본질이 살상(殺傷)에 있는 데 반하여, 노자는 대결이나 싸움, 무력과 무기 등 그 자체를 없게 하도록 설득하는 데 있었다고 볼 수 있다.

제70장
내 말은 심히 알기 쉽고 심히 행하기 쉽지만

吾言甚易知 甚易行 天下莫能知 莫能行 言有宗 事有君
오언심이지 심이행 천하막능지 막능행 언유종 사유군

夫唯無知 是以不我知 知我者希 則我者貴 是以聖人
부유무지 시이불아지 지아자희 즉아자귀 시이성인

被褐懷玉
피갈회옥

내 말은 심히 알기 쉽고 심히 행하기 쉽지만, 천하에 능히 알 사람이 없고 능히 행할 사람이 없다. 말에는 근본이 있고, 일에는 군주가 있으나 대저 오직 아는 것이 없어서 이로써 나를 알지 못한다. 나를 아는 사람이 드물고, 나를 본받는 사람이 귀하니, 성인은 굵은 베옷을 입고 구슬을 품는다.

[語釋]
*심이지(甚易知) : 아주 이해하기 쉬움.
*언유종(言有宗) : 말에는 근본이 있음.

*사유군(事有君) : 일에는 통솔하는 사람이 있다.

*지아자희(知我者希) : 나를 아는 사람은 드물다.

*피갈회옥(被褐懷玉) : 베옷을 입고 있으나 구슬을 품고 있다는 뜻이니, 겉보기에는 형편없지만 속은 차있다는 뜻.

[大意]

내 말은 간단명료해서 알기 쉽고, 행동도 평범하여 따라서 하기도 쉽지만, 그러나 세상에는 내가 말하는 뜻을 아는 사람도 없고, 따라서 행동 하는 사람도 없다.

말에는 근본이 있고, 일에는 주도하는 사람이 있는데, 사람들은 오로지 그것이 무지무욕임을 깨닫지 못하기 때문에 나를 알지 못하는 것이다. 나를 아는 사람이 적은 것은 그만큼 내가 귀한 것이다. 그런 까닭에 성인은 베옷을 입어 겉으로는 눈에 띄지 않아도, 마음속에 귀한 구슬을 감추고 있는 것처럼 밝은 덕을 품은 것과 같다.

70장에서는, 성인이 허정(虛靜)과 유화(柔和), 자검(慈儉)과 부쟁(不爭)의 덕을 안으로만 지니고 남에게 알려지기를 꺼려하는 모습을 설명하고 있다.

세상 사람들은 욕심과 명예와 조급함에 미혹되어 깨닫기 쉬운 도를 느끼지도 행하지도 못한다. 70장은 자신이 설파하는 도에 대하여 세상이 몰이해하는 것에 대한 노자의 반성과 탄식을 기록했다.

자신이 주장하는 무위자연의 진리가 세상에 받아들여지지 않는 것에 대한 한탄은 41장과 67장에도 이미 나타나 있다.

제71장
알고 있으면서 모르는 척하는 것은 상이고

知不知上 不知知病 夫唯病病 是以不病 聖人不病
지부지상 부지지병　부유병병　시이불병　성인불병

以其病病 是以不病
이 기 병 병　시 이 불 병

　알고 있으면서 모르는 척하는 것은 상이고, 알지 못하면서
아는 척하는 것은 병이다. 대저 오직 병을 병이라 하니, 이것으
로 병이 되지 않는다.

　성인은 병들지 않으니, 그 병으로써 병이라고 하지만, 이것
으로써 병들지 않는다.

[語釋]

*지부지(知不知) : 알아도 모르는 척하는 것.

*부지지(不知知) : 모르면서 아는 척하는 것.

*병병(病病) : 병폐. 잘못. 병을 병으로 여기는 것.

[大意]

알면서도 모르는 척하는 것이 깨달음인데 이것이 제일 좋은 것이고, 모르면서 아는 척하는 것은 병이다. 병을 병으로 깨달아 안다면 그것은 병이 아니다. 성인(聖人)이 병이 없는 것은, 자신의 병을 병으로 깨닫기 때문이다. 그러므로 병이 아닌 것이다.

71장에서는, 노자 철학의 성격을 간단명료하게 설명했다고 할 수 있다. 이와 대조적인 표현으로는 공자가 논어 위정편(爲政篇)에서 '아는 것을 안다 하고, 모르는 것을 모른다 하는 것이 바로 아는 것이다.'고 했는데, 이것은 노자가 알아도 모르는 체하는 것이 곧 아는 것이라는 가르침과는 반대되는 개념이다.

공자의 '지(知)'는 박학(博學)을 전제로 한데 반하여, 노자는 이 박학의 지식을 부정하고 도(道)에 근원적인 진리로써 복귀할 것을 말했다. 이것은 바로 자신의 무지를 자각하는 것이다.

'자신의 무지(無知)를 알라'고 말한 것은 희랍의 철인 소크라테스였다. 그러나 그보다 먼저 노자는 참으로 안다는 것은 지지(知之)에 있는 것이 아니라 부지지(不知之)에 있는 것이라고 가르쳤다.

노자는 공자의 지식론을 한층 더 깊이가 있게 해 주었다고 할 수 있으며, 이 지(知)에 대해서는 성경에도 여러 곳에서 말하고 있는데, 성경에서 가르친 지혜를 읽음으로써 노자의 지식론을 이해하는 데 도움이 될 수 있다.

"나는 지혜롭다는 사람들의 지혜를 없애버리고 똑똑하다는 사람들의 식견을 물리치리라."는 말씀이 있지 않습니까? 그러니 지혜로운 사람이 어디 있고, 학자가 어디 있습니까? 또 이 세상의 이론가가 어디 있습니까? 하느님께서 이 세상의 지혜가 어리석다는 것을 보여 주시지 않았습니까? 세상이 자기 지혜로는 하느님을 알 수 없습니다. 이것이 하느님의 지혜로운 경륜입니다."

제72장
백성이 권위를 두려워하지 않으면

民不畏威 則大威至 無押其所居 無厭其所生 夫唯不厭

민불외위 즉대위지 무압기소거 무염기소생 부유불염

是以不厭 是以聖人 自知不自見 自愛不自貴 故去彼取此

시이불염 시이성인 자지부자견 자애부자귀 고거피취차

　백성이 권위를 두려워하지 않으면 곧 큰 위험에 이른다. 그 있는 곳에 속박이 없고, 그 사는 것에 싫어함이 없다. 대저 오직 싫어하지 않으므로 싫어하지 않는다. 이것으로 성인은 스스로 알고 스스로 나타내지 않으며, 스스로 사랑하고 스스로 귀하다 하지 않는다. 그러므로 그것을 버리고 이것을 취한다.

[語釋]
*위(威) : 위엄. 권위.
*대위(大威) : 큰 위험. 천벌.
*무압기소거(無押其所居) : 거처나 행동을 속박하지 않음.
*무염(無厭) : 싫어하는 것이 없음.

*불염(不厭) : 싫어하지 않음.
*거피취차(去彼取此) : 저것을 버리고 이것을 취하다.

[大意]

백성이 다스리는 사람의 권위를 두려워하지 않으면 사회의
질서가 문란해지고 큰 위험이 따르게 된다. 그것은 다스리는
사람이 잘 못하여 백성들이 생활에 만족하지 못하고, 따라서
백성들이 그 땅에서 편안하게 살지 못하게 된 탓이다. 따라서
백성들이 사는 곳을 억압하지 않고, 또한 사는 방법을 탓하지
않으면, 백성들이 싫어하는 것이 없게 되어서, 다스리는 사람
을 싫어하지 않게 된다.

그러므로 성인은 자신의 분수를 알아서 스스로 그 공을 나타
내려 하지 않고, 자신을 사랑하지만 스스로 귀하다고 자처하지
않는 것이다. 이것은 말하자면 저것을 버리고 이것을 취한다는
것, 즉 위엄을 버리고 무위를 택하는 것이라고 할 수 있다..

72장에서는, 백성을 권위적으로 다스리는 유위(有爲)의 정
치를 비판했다. 다시 말하자면 권위로 다스리는 형벌의 정치를
버리고 무위의 정치를 해야 한다는 것으로 결론을 맺었다.

위력의 정치에 대한 비판은 17장에서도 있었으나, 72장에서
는 한층 더 자세하게 설명했다.

제73장
감히 하는데 용맹하면 곧 죽고

勇於敢則殺 勇於不敢則活 此兩者 或利或害 天之所惡
용 어 감 즉 살　용 어 불 감 즉 활　차 양 자　혹 이 혹 해　천 지 소 악

孰知其故 是以聖人猶難之 天之道 不爭而善勝 不言
숙 지 기 고　시 이 성 인 유 난 지　천 지 도　불 쟁 이 선 승　불 언

而善應 不召而自來 繟然而善謀 天網恢恢 疏而不失
이 선 응　불 소 이 자 래　천 연 이 선 모　천 망 회 회　소 이 불 실

　감히 하는데 용맹하면 곧 죽고, 감히 못하는데 용맹하면 곧 산다. 이 둘은 혹은 이롭거나 혹은 해로우니, 하늘이 미워하는 것을 누가 그 까닭을 알겠는가. 이것으로 성인도 오히려 어려워한다. 하늘의 도는 싸우지 않아도 잘 이기고, 말하지 않아도 잘 대답하며, 부르지 않아도 스스로 오고, 천연히 잘 도모한다. 하늘의 그물은 회회하게 성글어도 잃지 않는다.

[語釋]
*천지소오(天之所惡) : 하늘이 미워하는 것.

*유난지(猶難之) : 오히려 어렵게 여기다.

*선응(善應) : 잘 대응하다.

*천연(繟然) : 넉넉한 모양. 느릿느릿 태평한 모양.

*천망회회(天網恢恢) : 하늘의 망은 넓고도 넓다.

*부실(不失) : 빠뜨리거나 잃지 않음.

[大意]

　하늘은 과감히 멋대로 행동하면 죽이고, 과감히 멋대로 하지 않으면 살린다고 한다.

　이 두 가지 행동은 이로움도 있고, 해로움도 있다. 제 멋대로 하는 사람을 하늘이 미워하는 그 까닭을 어느 누가 알겠는가. 그래서 성인도 그 처신하는 것을 어렵게 여기는 것이다.

　하늘의 도는 싸우지 않고도 잘 이기고, 말하지 않아도 잘 감응하며, 부르지 않아도 스스로 오게 하여, 너그럽고 넉넉한 모습으로 일을 잘 도모한다. 하늘의 법망(法網)은 넓고도 커서 성근 듯하지만, 잘못된 모든 것은 놓치거나 빠뜨리지 않는다.

　72장에서는, 인위적인 형벌의 정치가 무위자연의 정치에 미치지 못한다고 비판했고, 73장은 인위적인 형벌보다는 자연스러운 재단(裁斷)에 맡기는 것이 바람직하다는 무위의 정치에 대해 말했다.

제74장
백성이 죽음을 두려워하지 않으니

民不畏死 奈何以死懼之 若使民常畏死而爲奇者 吾得

민불외사 나하이사구지 약사민상외사이위기자 오득

執而殺之孰敢 常有司殺者殺 夫代司殺者殺 是謂代

집이살지숙감 상유사살자살 부대사살자살 시위대

大匠斲 夫代大匠斲者 希有不傷其手矣

대장착 부대대장착자 희유불상기수의

백성이 죽음을 두려워하지 않으니, 어찌 죽음으로써 두렵게 하겠는가. 만약 백성이 죽음을 두려워하여 기이한 일을 하면 내가 잡아 죽일 수 있으나 어찌 감히 하겠는가. 대저 죽이는 것을 맡은 사람을 대신하여 죽이는 것을 일러서 대장(大匠)을 대신하여 깎는다고 한다. 대저 대장을 대신하여 깎으면 그 손을 상하지 않을 사람이 드물다.

[語釋]

*위기자(爲奇者) : 기이한 행동을 하는 사람. 사악한 행동을 하는 사

람. 바르지 않은 행동을 하는 사람. 범죄자.

*사살자(司殺者) : 목숨을 맡아 다스리는 사람. 인간의 생사를 맡은 하늘이나 하늘의 도를 말함.

*대장(大匠) : 뛰어난 장인. 뛰어난 기술자. 목수.

*착(斲) : 깎는 것. 목수 일을 하는 것.

*희유불상기수(希有不傷其手) : 손을 상하지 않음이 거의 없음.

[大意]

　백성들이 억압을 당하여 마침내 죽음을 두려워하지 않게 되면, 죽이는 것으로 백성을 두려워하게 할 수는 없는 것이다. 반대로 백성들을 평안하게 살게 해서 백성들로 하여금 죽음을 두려워하게 만들어 놓고, 그 때 죄를 지은 사람을 잡아 죽여서 나라의 평안과 질서를 유지한다면 어느 누가 감히 죄를 짓겠는가.

　그러나 죽인다는 것은 누가 마음대로 하는 것이 아니고, 항상 사람의 목숨을 맡아 다스리는 하늘을 대신하는 사람이 따로 있는 것이다. 사람의 목숨을 맡아 다스리는 하늘을 대신해서 죽이는 것은 목수를 대신해서 나무를 자르는 것과 같다. 그러나 목수를 대신해서 나무를 자르는 사람 중에 그 손을 다치지 않는 사람은 드물다. 백성들이 죽음을 두려하지 않게 되는 것은, 나라를 다스리는 사람이 악법이나 학정으로 백성들을 억압하면 견디다 못해서 그렇게 되는 것이다.

74장에서는 형벌을 쓰는 권력의 정치를 비판했다. 하늘의 자연스러운 재제에 맡기지 않고, 권력을 제멋대로 휘둘러 백성들을 위협하는 형벌의 도끼를 사용하면 그것으로 인하여 다치는 사람은 오히려 그것을 휘두르는 사람자신이라는 것을 경계한 것이다.

제75장
백성이 굶주리는 것은 그 위에서

民之饑 以其上食稅之多 是以饑 民之難治 以其上之
민 지 기   이 기 상 식 세 지 다   시 이 기   민 지 난 치   이 기 상 지

有爲 是以難治 民之輕死 以其上求生之厚 是以輕死
유 위   시 이 난 치   민 지 경 사   이 기 상 구 생 지 후   시 이 경 사

夫唯無以生爲者 是賢於貴生
부 유 무 이 생 위 자   시 현 어 귀 생

　백성이 굶주리는 것은 그 위에서 세금을 많이 먹기 때문이
다. 그런 까닭으로 굶주리는 것이다. 백성을 다스리기 어려운
것은 그 위에 유위함이 있기 때문이다. 그런 까닭으로 다스리
기 어려운 것이다.

　백성이 죽음을 가볍게 여기는 것은 그 위에서 사는 것이 두
터워서이다. 그런 까닭으로 죽음을 가볍게 여기는 것이다. 대
저 오직 삶으로써 하는 일이 없는 것, 이것이 삶을 귀히 여기는
것보다 현명하다.

*유위(有爲) : 인위적으로 백성을 못살게 하다.

*경사(輕死) : 죽음을 가볍게 여기다.

*생지후(生之厚) : 풍족하게 살려고 하다.

*무이생위(無以生爲) : 삶을 위해 애쓰지 않음.

[大意]

　백성들이 굶주리는 것은 그 위에 자리한 지배자가 세금을 지나치게 많이 거두고, 사치스럽고 윤택한 생활을 하기 때문이다. 그래서 굶주림에 시달리는 것이다.

　백성들을 다스리기 어려운 것은 위에서 다스리는 지배자의 인위적인 간섭이 심하기 때문이다. 그러면 백성들도 따라서 이런저런 요령을 부리게 되므로 다스리기가 어려워지는 것이다.

　백성들이 목숨을 가볍게 여기는 것은 윗자리에 앉은 지배자가 자신들만 지나치게 잘 살려고 하기 때문이다. 그런 까닭에 백성들은 외면당하고 자포자기하여 목숨을 가볍게 여기게 되는 것이다.

　이처럼 지배자가 자신들의 생명과 생활에만 집착하기 때문에 백성들이 반항하게 되고, 도리어 자신들의 생명을 위태롭게 하는 것이다. 오직 살아가는데 인위적으로 하지 않는 것, 이것이 삶을 소중히 여기는 것보다 현명하다.

　75장은 사람이 평안하게 살아가는데 있어서 해가 되는 것을 말하고 있다. 그것은 지배자들이 자신들의 욕심을 채우려고 백성들을 수탈하는 것, 또 그들이 무위의 정치를 하지 않음으로 해서 생기는 여러 가지의 부작용, 그리고 백성 자신들의 생명에 대한 지나친 애착 같은 것으로 인하여 자초하는 재앙 같은 것이다. 즉 억제할 수 없는 욕망이 가져오는 죽음에 이르는 병이라고 할 수 있는 것이다. 인간이 보다 잘 살기 위해서는 삶의 굴레에서 벗어나는 것이다. 그렇게 함으로써 비로소 삶의 근본적인 안락을 얻어 영구적인 평안이 찾아오게 된다.

참다운 의미로서의 삶을 긍정하려면 오히려 삶을 부정하지 않으면 안 되는 노자의 역설적인 논리로써, 인간의 욕망에 대하여 설명하는 것이 75장의 논리이다.

지금도 세계 도처에서 독재자들의 위정이 자행되고 있음을 비추어 볼 때, 새삼 당시 노자의 정치와 처세의 교훈에 귀를 기울이지 않을 수 없다.

성경에 있는 구약시대에도 역시 통치자의 수탈이 격심하여 백성들의 괴로움이 극도에 달했다.

성경에서 구약시대의 백성들은 이렇게 울부짖었다. '살아 보려고 목에 풀칠이라도 하려고 아들과 딸을 잡혔다.' '흉년이 들어 입에 풀칠이라도 하려고 밭도 포도원도 집도 모두 잡혔다.' '황제에게 세금으로 바칠 돈이 없어서 밭도 포도원도 모두 잡혔다.' '다 같은 민족인데 저희 삶이나 우리 삶이나 무엇이 다른가?'

제76장
사람은 살아서는 유약하고, 죽어서는 견강하며

人之生也柔弱 其死也堅强 萬物草木之生也柔脆

인 지 생 야 유 약   기 사 야 견 강   만 물 초 목 지 생 야 유 취

其死也枯槁 故堅强者死之徒 柔弱者生之徒 是以

기 사 야 고 고   고 견 강 자 사 지 도   유 약 자 생 지 도   시 이

兵强則不勝 木强則兵 强大處下 柔弱處上

병 강 즉 불 승   목 강 즉 병   강 대 처 하   유 약 처 상

사람은 살아서는 유약하고, 죽어서는 견강하며, 만물과 초목
은 살아서는 부드럽고 연약하고, 죽으면 마르고 단단하다. 그
러므로 견강한 것은 죽음의 무리고, 유약한 것은 삶의 무리다.
이런 까닭에 군사가 강하면 이기지 못하고 나무가 강하면 부러
진다. 강대한 것은 밑에 있고 유약한 것은 위에 있는 것이다.

[語釋]
*유취(柔脆) : 부드럽고 무름. 연약함.
*고고(枯槁) : 말라서 단단하고 억세다.

*사지도(死之徒) : 죽어 있는 무리. 즉 굳세고 단단한 것.

*생지도(生之徒) : 살아 있는 무리. 즉 부드럽고 연약한 것.

*병강즉불승(兵强則不勝) : 군사의 무력이 너무 강하면 이기지 못함.

*목강즉병(木强則兵) : 나무가 강하고 억세면 곧 잘린다.

*유약처상(柔弱處上) : 부드럽고 약한 것은 위에 위치한다. 잎이나 나뭇가지처럼 가벼운 것은 위에 있다는 말.

[大意]

　생명이 붙어 있어서 아직 살아 있는 사람의 몸은 부드럽고 연약하지만, 죽은 사람의 몸은 굳어서 단단하다. 살아 있는 만물과 초목도 살아 있는 동안은 부드럽고 연약하지만, 죽으면 말라서 딱딱해진다. 그러므로 억세고 굳은 것들은 죽은 것이고, 부드럽고 연약한 것들은 살아 있는 것이다. 군대도 강하기만 하고 유연하지 못하면 승리하지 못하고, 나뭇가지도 억세고 단단하면 부러지고 만다. 억세고 단단한 것은 오히려 아래에 깔리고, 부드럽고 연약한 것은 위에 있게 되는 것이다.

　76장은 부드럽고 연약한 것이 삶의 근본적인 원리이고, 부드러움의 처세에 철저하면 모든 일을 이겨낼 수 있다는 것에 대해 설명했다. 여기에서 유약을 설파하는 노자의 궁극적인 처세의 논리는 살아 움직이면서 최종적인 승리를 얻는 것이라고 할 수 있다. 즉 유약(柔弱)은 생지도(生之徒)가 되는 것이고, 그것이 최상이라는 말이다.

제77장
하늘의 도는 그것이 활줄을 당기는 것과 같아서

天之道 其猶張弓與 高者抑之 下者擧之 有餘者損之
천지도 기유장궁여 고자억지 하자거지 유여자손지

不足者補之 天之道 損有餘而補不足 人之道則不然
부족자보지 천지도 손유여이보부족 인지도칙불연

損不足以奉有餘 孰能有餘以奉天下 唯有道者
손부족이봉유여 숙능유여이봉천하 유유도자

是以聖人 爲而不恃 功成而不處 其不欲見賢
시이성인 위이불시 공성이불처 기불욕견현

하늘의 도는 그것이 활줄을 당기는 것과 같아서, 높은 것은 누르고 낮은 것은 올리며, 남음이 있으면 덜어서 모자라는 것에 보탠다. 하늘의 도는 남음이 있는 것을 모자라는 것에 보태지만, 사람의 도는 그렇지 못해서 모자라는 것을 덜어서 남음이 있는 것에 바친다.

누가 능히 남음이 있어서 천하에 바치는가. 오직 도가 있는 사람이다. 이것으로 성인은 하고도 내세우지 않고, 공을 이루어도 머무르지 않으며, 그 어진 것을 나타내지 않는다.

[語釋]
*기유장궁(其猶張弓) : 그것은 활줄을 당기는 것과 같다.
*유여자손지(有餘者損之) : 남는 것을 덜어내다.
*위이불시(爲而不恃) : 해 놓은 것을 자랑하지 않음.
*공성이불처(功成而不處) : 이루어 놓은 공에 맞는 지위에 머물지 않
는다.
*불욕견현(不欲見賢) : 자신의 현명함을 보이지 않음.

[大意]
　하늘의 도는 활줄을 잡아당기는 것과 같아서, 높은 것은 아
래로 눌러 주고 낮은 것은 위로 올려 주며, 남는 것은 덜어내어
부족한 곳에 더해 준다. 하늘의 도는 남는 것을 줄여서 부족한
곳에 더해 주지만, 사람의 도는 그렇지 못해서 부족한 것에서
덜어내어 남는 곳에 바친다. 대체 누가 하늘의 도처럼 남는 것
으로 세상에 봉사할 것인가? 오로지 하늘의 도를 터득한 사람
밖에 없다. 이런 까닭으로 성인은 일을 하되 대가를 바라지 않
고, 공을 이루어도 그 지위에 머물러 내세우지 않으며, 자신이
남보다 현명하다는 것을 나타내지 않는다.
　77장은 예부터 '天之道 損有餘 而補不足 - 하늘의 도는 남
아 있는 것을 덜어서 모자라는 것에 보탠다'라는 구절로 유명

한 문장이다. 노자는 세상만물이 도 앞에서는 모두 평등하다고 생각했다. 도는 만물을 생성화육하고, 만물을 만물로서 존재하게 하는 근원이며 그로 말미암아 '식모(食母)'나 '천하지모(天下之母)' 등으로 불렀다. 어머니가 어느 자식이나 똑같이 평등한 사랑을 가지는 것처럼, 도 또한 만물에 대하여 차별하지 않는다.

성경에도 여러 곳에 이와 같은 사상적 표현이 있다. 특히 신약에 '지금 여러분이 넉넉할 때 궁핍한 사람들을 도와준다면, 그들이 넉넉해지면 또한 여러분의 궁핍을 덜어 줄 것입니다. 그러면 결국 공평하게 되지 않겠습니까? 이것은 성서에 많이 거둔 사람도 남지 않았고, 적게 거둔 삶도 모자라지 않았다고 기록된 대로입니다.'라고 하여 노자의 사상과 일치하는 면이 없지 않다. 그리고 구약에는 '땅바닥에 쓰러진 천민을 일으켜 세우시며 잿더미에 뒹구는 빈민을 들어 높이셔서 귀인들과 한 자리에 앉혀 주시고 영광스러운 자리를 차지하게 하신다.'고 하여 하늘의 도는 공평무사한 것을 말하고 있다. 하늘의 도가 이러하거늘, 사람 위에 사람을 만들거나 사람 밑에 사람을 만들어서 태어날 때부터의 차별을 두는 따위의 일을 하겠는가.

인간은 가난하거나 부자거나 아름답거나 못났거나, 착하거나 착하지 않거나 현명하거나 어리석거나 이 모두가 도 앞에서는 하나의 존재일 뿐이다. 즉 하나의 존재로서 존재할 뿐이고, 인간으로서 살아가는 균등한 자신의 몫을 가지는 것이다.

제78장
천하에 물보다 유약한 것이 없지만

天下莫柔弱於水 而攻堅强者 莫之能勝 以其無以易之

천하막유약어수 이공견강자 막지능승 이기무이역지

弱之勝强 柔之勝剛 天下莫不知 莫能行 是以聖人云

약지승강 유지승강 천하막부지 막능행 시이성인운

受國之垢 是謂社稷主 受國不祥 是謂天下王 正言若反

수국지구 시위사직주 수국불상 시위천하왕 정언약반

천하에 물보다 유약한 것이 없지만, 견강한 것을 공략하는 것으로 능히 이길 것이 없는 것은, 그것을 무엇으로 바꿀 것이 없어서이다. 약한 것이 강한 것을 이기고, 부드러운 것이 단단한 것을 이기는 것은, 천하에 알지 못하는 사람이 없지만 능히 행하는 사람이 없어서이다. 이에 성인은 말하기를, 나라의 욕됨을 받는 것을 사직의 주인이라 이르고, 나라의 상서롭지 못한 것을 받는 이것을 천하의 왕이라 이른다. 바른 말은 뒤집힌 것과 같다.

*무이역지(無以易之) : 본성을 바꾸는 것은 없다.

*수국지구(受國之垢) : 나라의 욕된 것을 맡아 다스림.

*사직(社稷) : 사는 나라의 땅을 다스리는 신. 직은 나라의 곡식을 다스리는 신으로, 후세에 조정이나 국가를 상징하는 말이 되었음.

*정언약반(正言若反) : 옳은 말은 진실과 반대인 것처럼 들리다.

[大意]

세상에 물처럼 약하고 부드러운 것이 없으나, 그러면서도 굳세고 강한 것을 이기는 데는 물보다 더 뛰어난 것은 없다. 그것은 그 무엇도 물의 본성을 바꿀 수가 없기 때문이다. 약한 것이 강한 것을 이기고, 부드러운 것이 단단한 것을 이긴다는 것을 세상에 모르는 사람이 없으나, 그것을 능히 실행하는 사람은 아무도 없다.

그러므로 성인의 말씀에 한 나라의 욕됨을 떠맡아 다스리는 사람은 나라의 주인이고, 세상의 재앙을 떠맡아 다스리는 사람을 제왕이라고 했다. 참으로 올바른 말은 진실과는 반대인 것처럼 들리는 것이다.

78장에서는 유연한 처세를 물에 비유해서 설명했다. 유연함은 노자의 실천철학에서 욕망을 자제하는 것과 함께 존중되는 것으로, 그것이 도의 본질인 이상 무위자연의 정치를 함에 있어서 중요한 안목이 되는 것은 당연한 것이라고 하겠다.

78장에서는 유약(柔弱)과 견강(堅强)을 지배자의 덕으로 논하고자 했다는 점이 76장과 다르다.

제79장
큰 원한을 풀어도 반드시 남는 원한이 있으니

和大怨 必有餘怨 安可以爲善 是以聖人 執左契
화 대 원　 필 유 여 원　 안 가 이 위 선　 시 이 성 인　 집 좌 계

而不責於人 有德司契 無德司徹 天道無親 常與善人
이 불 책 어 인　 유 덕 사 계　 무 덕 사 철　 천 도 무 친　 상 여 선 인

　　큰 원한을 풀어도 반드시 남는 원한이 있으니, 어찌 그것이
잘한 것이겠는가. 이것으로 성인은 좌계(左契)를 잡아 사람을
꾸짖지 않는다. 덕이 있는 사람은 계(契)를 맡고 덕이 없는 사
람은 철(徹)을 맡는다. 천도는 친함이 없어 항상 착한 사람을
편든다.

[語釋]

*안가이위선(安可以爲善) : 어떻게 그것을 잘했다 하겠는가. 여기에서
안은 어찌, 어떻게의 뜻.

*집좌계(執左契) : 좌계를 가지고 있다는 뜻. 옛날에 물건을 빌려 줄
때 증거가 되는 계부, 즉 계약서로 좌계와 우계로 나누어 빌리는 사람,

빌려 주는 사람이 각각 하나씩 보관했다.

*불책(不責) : 꾸짖어 책임을 묻지 않음. 독촉하지 않음.

*유덕사계(有德司契) : 덕이 있는 사람은 계부를 보관하기만 한다.

*무덕사철(無德司徹) : 덕이 없는 사람은 세금을 거두기에 힘쓴다. 여기에서 철은 당시 농민들의 수확을 현물로 거두는 세법(稅法)을 말함.

[大意]

　큰 원한은 그것을 잘 푼다고 해도 그 앙금이 어느 정도는 남아 있으니, 그 큰 원한을 푼다고 어찌 좋다고만 할 수 있겠는가. 그것보다는 애당초 원한을 맺지 않는 것이 상책이다.

　성인은 빚 문서를 거래하기 위해서 가지고 있을 뿐 그것을 독촉하지는 않으니, 남에게 원한을 살 일이 없다.

　덕이 있는 관리는 빚 문서를 만들어 보관하기만 하고, 덕이 없는 관리는 세금 거두기에 힘쓴다고 하지만, 그것은 사람 사이의 정인 것이다. 하늘의 도는 사사롭게 친한 것이 없어 편애하지 않고, 언제나 착한 사람의 편을 든다. 따라서 다른 사람을 헤아릴 줄 아는 착한 사람이 되어야 하는 것이다.

　79장에서 말하고자 하는 것은, 인위적인 경영이 아무리 뛰어나다고 해도, 하늘의 도를 따르는 무위자연의 처세를 따라가지 못한다는 것을 강조했다. 그러므로 사람들은 눈앞의 사사로운 이익에 사로잡혀 무리하지 말고, 모든 것을 하늘의 도리에 따라서 살아가야 한다는 것이다.

제80장
작은 나라 적은 백성은 열과 백의 그릇이 있어도

小國寡民 使有什佰之器而不用 使民重死而不遠徙

소 국 과 민 사 유 십 백 지 기 이 불 용 사 민 중 사 이 불 원 사

雖有舟輿 無所乘之 雖有甲兵 無所陳之 使人復結繩

수 유 주 여 무 소 승 지 수 유 갑 병 무 소 진 지 사 인 부 결 승

而用之 甘其食 美其服 安其居 樂其俗 隣國相望

이 용 지 감 기 식 미 기 복 안 기 거 낙 기 속 인 국 상 망

鷄犬之聲相聞 民至老死 不相往來

계 견 지 성 상 문 민 지 노 사 불 상 왕 래

작은 나라 적은 백성은 열과 백의 그릇이 있어도 쓰지 않게 하고, 백성에게 죽음을 중하게 여겨 멀리 옮기지 않게 한다. 비록 배와 수레가 있어도 타지 않고, 비록 갑옷과 병기가 있어도 벌이는 바가 없다. 사람으로 하여금 다시 새끼줄을 맺어 쓰게 하고, 그 먹는 것을 달게 여기도록 하고, 그 의복을 아름답게 여기게 하고, 그 사는 것을 편하게 여기게 하고, 그 풍속을 즐기게 한다. 이웃나라가 서로 바라보며, 닭과 개 소리가 서로 들

려도, 백성이 늙어 죽음에 이르도록 서로 가고 오지 않는다.

[語釋]
*소국과민(小國寡民) : 작은 나라의 적은 국민.
*십백지기(什伯之器) : 보통사람의 열 배나 백 배의 재주를 가진 인재
나 무기.
*중사(重死) : 죽음을 중히 여김. 있는 그대로의 삶을 중히 여김.
*결승(結繩) : 새끼줄을 맺어 표시하는 결승문자. 여기에서는 원시적
인 소박한 생활을 말함.

[大意]
　작은 나라에 적은 백성이 살면서, 쓰기에 편한 도구가 있어
도 사용하지 못하게 하고, 백성이 따뜻한 인정과 순박한 풍습
을 갖게 한다. 생명을 소중히 여겨 고향을 떠나 먼 곳으로 떠도
는 일이 없도록 하면, 비록 배나 수레가 있어도 타고 다니는 일
이 없을 것이고, 갑옷과 무기가 있어도 그것을 쓸 일이 없을 것
이다.

　백성들에게 문명과 문자 같은 것을 버리고 새끼줄을 묶어서
뜻을 나타내게 하고, 음식을 달게 여겨 먹게 하고, 의복을 아름
답게 여겨 입게 하며, 사는 곳을 편안한 안식처로 여기게 하고,
그 풍속을 즐겁게 여기게 한다. 그러면 바로 앞에 이웃나라의
생활을 보고, 그곳의 닭이 우는 소리와 개가 짖는 소리가 서로

들려도, 백성들은 늙어 죽을 때까지 평화롭게 살며 서로 왕래하는 일이 없을 것이다.

80장은 노자가 생각하는 이상향(理想鄕)에 대해서 설명하고 있다. 그가 말하는 이상적인 사회는 지역이 좁고 인구는 적으며, 원시의 상태를 보존하기 위해 문명의 이기 따위는 사용하지 않는, 나라라고 하기보다는 하나의 공동체라고 하는 것이 맞는 것이라고 하겠다.

이와 같이 노자가 그리는 소국과민의 이상사회는 그의 정치적인 이상을 구체적인 형태로 나타내는 것이라고 할 수 있다. 이것으로 인간과 인간사회에 대한 생각을 가장 응축하여 표현했다고 할 수 있다.

노자에 있어서 맨 처음의 관심사는 인간의 안락한 생활이었다. 소위 말하는 문명의 이기는 인간의 순수한 노동을 경감시키는 것으로, 생활은 비록 편리하고 풍요롭고 호화롭게끔 되었지만, 동시에 퇴폐와 낭비, 나태와 방종을 가져왔으며, 생명의 쇠퇴 현상과 내면적인 천박함을 초래했다. 또한 무기의 발달이 적을 무찌르는 것에 효과를 거둘지 모르지만, 그와 같은 효과가 자신을 망하게 하는 데도 사용될 수 있는 것이다. 지식의 진보는 인간을 총명하게는 할 수 있지만, 그 총명은 동시에 음흉한 꾀를 낳아 인간이 인간을 멸망시키는 대립과 투쟁으로 전개될 수 있는 것이다.

노자가 가장 두려워한 것은 쓸데없는 지식이나 기술의 발달로 인하여 인간의 안락한 생활이 방해 받는 것이며, 문명의 교지(狡智)와 경박(輕薄)에 의하여 원시적인 순박성이 파괴되는 것이었다.

제81장
진실한 말은 좋게 들리지 않고

信言不美 美言不信 善者不辯 辯者不善 知者不博
신언불미 미언불신 선자불변 변자불선 지자부박

博者不知 聖人不積 旣以爲人 己愈有 旣以與人 己愈多
박자부지 성인부적 기이위인 기유유 기이여인 기유다

天之道 利而不害 聖人之道 爲而不爭
천지도 이이불해 성인지도 위이부쟁

진실한 말은 좋게 들리지 않고, 좋게 들리는 말은 진실하지 않다. 착한 사람은 말이 없고, 말을 잘하는 사람은 착하지 않다. 아는 사람은 넓지 못하고, 넓은 사람은 알지 못한다. 성인은 쌓아 두지 않고, 이미 남을 위하는 것으로써 자신이 더욱 있게 되는 것이고, 이미 남에게 주는 것으로써 자신은 더욱 많아지는 것이다.

하늘의 도는 이롭게 하고 해롭게 하지 않으며, 성인의 도는 위하고 다투지 않는다.

*신언불미(信言不美) : 진실한 말은 좋게 들리지 않음.

*부적(不積) : 재물을 축적하지 않음.

*기이위인기유유(旣以爲人己愈有) : 이미 가진 것을 남을 위해 쓰면, 자신의 것은 더 많아진다.

*이이불해(利而不害) : 이롭게 하고, 해롭게 하지 않음.

[大意]

　진실한 말은 아름답게 꾸미지 않고, 아름답게 꾸민 말은 진실성이 없다. 선량한 사람은 말을 능숙하게 하지 못하고, 말을 능숙하게 잘하는 사람은 선량하지 못하다. 참으로 깊게 아는 사람은 많이 알지 못하고, 많이 아는 사람은 참으로 깊게 알지 못한다. 진리는 이처럼 얼핏 보기에는 역설적이지만, 성인은 자신의 것으로 쌓아두지 않고, 이미 가진 것도 자신을 위하여 두지 않는다. 이미 가진 것을 남을 위하여 쓰게 되면 그 결과로 자신의 것은 더욱 많아지게 되고, 남에게 베풀게 되면 그것으로 인하여 더욱 넉넉해진다.

　하늘의 도는 세상 만물을 이롭게 하고 그 무엇도 해롭게 하지 않으며, 또한 성인의 도 역시 모든 일을 행함에 있어서 베풀고, 그 공을 내세워 다투지 않는다.

　81장은 지금까지 말했던 무위자연의 생활에 대하여 수수께끼적인 논리로써 요약했다. 이것들은 모두가 약한 사람들이 어지러운 세상을 살아가는 데에 필요한 지혜라고 할 수 있다.

노자는 이렇게 자신의 가르침을 따르는 사람들에게 실천해야 할 지표를 구체적으로 제시한 것이다.

노자가 마지막 장에서 말한 살아가는 데 있어서의 무위자연의 태도는, 곧 박(樸)이나 눌(訥), 무지(無知)나 무욕(無欲)이나 유(柔)라고 할 수 있다. 유는 부쟁(不爭)이라는 말로 이 장의 마지막에서 〈노자도덕경〉을 매듭짓고 있다. 여기에서 부쟁이 불위(不爲)나 무위로 맺어지지 않고, 유위(有爲)로 맺어져 있는 점은 주목할 만하다.

이미 자주 말했듯이 노자의 무위는 유위를 하기 위한 무위이다. 그것은 아무 일도 하지 않고 뒹구는 태만을 말하는 것이 아니고, 인간이 어떻게 하면 참다운 의미로 나아갈 수 있을 것인가에 있는 궁극적인 관심이다. 다시 말해서 도를 깨달아 얻은 사람의 참된 행위이며, 인간이 하는 일들이 참된 유위를 위한 행위가 아니라는 점을 반성하고 부정하는 사고인 것이다. 노자가 박과 눌과 무지와 무욕과 유를 강조한 것도 모두 다 그 때문이다.

진실하지 않은 것을 부정하고, 진실한 위(爲)로 돌아갈 곳을 찾는 것이 참된 유위를 생각하고 실천하는 것이다. 때문에 노자는 마지막 장에서 다투지 않고 참된 유위를 실천하는 성인의 도를 설명하고, 그러한 무위가 사실은 참된 유위라는 것을 역설했다.